W0267332

WAS IST ISLAM?

Vorbereitet von
Prof. Dr. Huriye MARTI

PRÄSIDENTSCHAFT DER TÜRKISCHEN REPUBLIK FÜR RELIGIÖSE ANGELEGENHEITEN

Veröffentlichungsnummer: 1920
Volksbücher: 492

Chiefredakteur: Cafer Tayyar DOYMAZ
Koordination: Fatih KARAZEYBEK
Vorbereitung: Prof. Dr. Huriye MARTI
Übersetzung: Büşra ŞAHİN
Redaktion: Pınar PINARBAŞI - Fatma Nur KAHVECİ
Design: Ali ÇINKI
Druckvorbereitung: Uğur ALTUNTOP - Mehmet KAYABAŞI

Druck: Önka Kağıt Ürünleri İml. Matb.
Yay. Amb. Truz. Paz. San. Tic. Ltd. Şti.
Tel: +90 312 384 26 85

6. Auflage, Ankara 2024

ISBN: 978-625-7779-72-2
2024-06-Y-0003-492
Zertifikat Nr: 46325

Entscheidung der Prüfungskomission: 05.02.2020/12

© Präsidium für Religionsangelegenheiten, Abteilung für Religiöse Publikationen

Kontakt:

Präsidium für Religionsangelegenheiten
Generaldirektorat für religiöse Publikationen
Abteilung für Publikationen in Fremdsprachen und Dialekten

Dini Yayınlar Genel Müdürlüğü
Yabancı Dil ve Lehçelerde Yayınlar Daire Başkanlığı
Üniversiteler Mah. Dumlupınar Bulvarı No: 147/A 06800
Çankaya – ANKARA / TÜRKİYE
Tel.: +90 312 295 72 81 • Fax: +90 312 284 72 88
e-mail: yabancidiller@diyanet.gov.tr

Inhaltsverzeichnis

1. DIE GRUNDSÄTZE
DES GLAUBENS 7
Der Mensch 9
Die Religion 11
Der Islam 13
Der Glaube 15
Der Glaube an Allah (Subhanahu wa Ta'ala) 17
Der Glaube an die Engel 21
Der Glaube an die offenbarten Bücher 23
Die letzte Offenbarung: der heilige Koran 27
Der Glaube an die Propheten 29
Der letzte Prophet: Muhammed (s.a.w.) 31
Der Glaube an den Jüngsten Tag / an das Jenseits 33
Der Glaube an das Schicksal 35

2. DIE GRUNDSÄTZE
DER IBADAH (GLAUBENSPRAXIS) 39
Das Bewusstsein für die Ibadah 41
Kalimah al-Schahadah 45
Die Reinheit 47
Wudhu (rituelle Gebetswaschung) und Ghusl (rituelle
Ganzkörperwaschung) 51

Das rituelle Gebet (Salah) 55
Das Fasten (Sawm) 61
Die Sozialsteuer (Zakah) und die Spende (Sadaqah) 63
Die Pilgerfahrt (Haddsch) 67
Die Opferung / Qurban 71
Das Dua (Das Bittgebet) 75

3. DIE GRUNDSÄTZE
DES EDLEN CHARAKTERS 77
Der Islam ist die Religion des edlen Charakters 79
Der Islam ist die Religion der Gerechtigkeit 81
Der Islam ist die Religion des Friedens und Wohlbefindens 85
Der Islam ist die Religion des Wissens und der Weisheit 91
Der Islam befiehlt in jeder Angelegenheit die Höflichkeit 95
Der Islam ist die Religion der Barmherzigkeit 97
Ein Muslim besitzt Verantwortungsbewusstsein 101
Ein Muslim behandelt seine Familie gut 105
Ein Muslim ist umweltfreundlich 107
Ein Muslim ist niemals ein Tyrann 111
Ein Muslim ist ehrlich und aufrichtig 113
Ein Muslim ist ein dankbarer Diener Allahs 115
Ein Muslim bittet um die Vergebung seiner Fehler 119
Ein Muslim sucht die Wege ins Paradies 121
Ein Muslim hält sich von Wegen in die Hölle fern 125

Vorwort

Islam bedeutet, sich mit eigenem Willen und aus eigener Überzeugung, ohne jeglichen Zwang und mit aufrichtiger Hingabe Allah zuzuwenden und seine Gebote und Verbote bedingungslos anzunehmen. Als eine Religion mit einem perfekten Glaubens-, Ibadah- (Glaubenspraxis) und Moralsystem ist der Islam der endgültige und vollständige Zustand der Offenbarung Allahs, deren Sendung an die Menschheit mit Adam (a.s.)[1] begann und die ihre Gültigkeit bis zum letzten Tag auf Erden bewahren wird.

Alle Prinzipien des Islam dienen der Erhaltung des von Allah erschaffenen einzigartigen Gleichgewichts und dem Schutz des Menschen. Das Ziel des Islam ist es, dem Menschen als ein Wegweiser für eine harmonische Beziehung zu seinem eigenen Sein, zu Allah, seinen Mitmenschen und allen lebendigen und leblosen Wesen zu dienen. Auf diese Weise soll sowohl der Frieden im individuellen und gesellschaftlichen Leben hergestellt, als auch die Gerechtigkeit und Barmherzigkeit auf der Welt gesichert werden.

1 (a.s.) = Abkürzung für „*Alayhissalam*" mit der Bedeutung „*Gruß sei mit ihm*".

Der Islam zeigt den Menschen mithilfe der Leitung des heiligen Korans und der vom Propheten Muhammed (s.a.w.)[2] überreichten Glaubens-, Ibadah- und Ethikgrundsätzen die rechten und guten Wege des Lebens auf. Mit dem idealen Lebensmodell, welches er vorsieht, lehrt der Islam dem Menschen Wege zur Errichtung einer Welt, in der sowohl der Mensch selbst als auch alle anderen Lebewesen in Zufriedenheit leben. Hierfür sind die Verinnerlichung der Glaubensgrundsätze, ein Bewusstsein für Ibadah gemäß diesen Grundsätzen, sowie eine gute Moral notwendig. Denn ein „Muslim“ (Gläubiger) glaubt von ganzem Herzen an die Glaubensgrundsätze und drückt seinen Glauben mit seinen Worten und seiner Lebensweise aus. Um seinen Glauben zu bewahren und zu stärken, muss ein Muslim stets seine Ibadah verrichten und gleichzeitig ein moralisch gutes Leben führen. Das Hauptziel des Islam, welcher sich unter anderem mit der Rolle, die er der Moral beimisst, auszeichnet, ist es, eine Gesellschaft bestehend aus gläubigen und moralisch handelnden Menschen zu schaffen und eine friedliche Welt aufzubauen.

Dieses Buch, mit dem die Grundsätze des Glaubens, der Ibadah und der Moral durch eine verständliche Sprache und einem umfassenden Inhalt vorgezeigt werden sollen, soll mit fundiertem Wissen und einer vernünftigen Perspektive zum Verständnis des Islam beitragen. Unser Wunsch ist es, dass dieses Buch den Lesern neue Horizonte öffnet und deren Leben mit dem Glaubenssystem des Islam bereichert.

---

2 (s.a.w.) = Abkürzung für „*Sallallahu alayhi wassallam*“ mit der Bedeutung „*Friede und Gruß seien mit ihm*“.

1. DIE GRUNDSÄTZE DES GLAUBENS

Der Mensch

„Wahrlich, wir erschufen den Menschen in schönster Gestalt. Alsdann machten wir ihn wieder zum Niedrigsten der Niedrigen: Außer denen, die da glauben und das Rechte tun; ihnen wird ein ungekürzter Lohn zuteil."[1]
(Der heilige Koran)

Der Mensch ist das ehrenwerteste Wesen auf der Welt. Aufgrund seiner Intelligenz, Macht, Willenskraft, Verantwortungspflicht und seines Bewusstseins, ist er das erhabenste und wertvollste aller Wesen im Universum. Er wurde von Allah (s.t.)[2], dem alleinigen Besitzer der Welt und des Himmels, auf vollkommenste Art und Weise erschaffen. Allah (s.t.) segnete den Menschen mit einem ästhetischen, ausgewogenen Körper; einer belebenden Seele, einem Verstand, der zur Unterscheidung von gut und schlecht dient, und einem Gewissen, welches dem Leben einen Sinn geben soll. Anlässlich dieser Beschaffenheit wird der Mensch mit Körper und Seele zu einem Ganzen.

Allah(s.t.) ist es, der den Menschen aus dem Nichts erschuf, ihm eine perfekte Form gab, ihn nährt mit

---

1 Tin, 95/4-6.

2 (s.t.) = Abkürzung für *„Subhanahu wa Ta'ala"* mit der Bedeutung *„Gelobt/gepriesen und erhaben ist Er"*.

Nahrung und Trank, ihn beschützt und ihn mit jeglicher Schönheit beschenkt. Im Gegenzug erwartet Allah (s.t.) vom Menschen, dass er glaubt und Gutes tut. Denn der Grund der menschlichen Existenz besteht darin, als ein Diener Allahs Verantwortung zu übernehmen, zum Aufbau und zur Verbesserung der Welt beizutragen.

Die Geschichte der Menschheit begann mit dem ersten Menschen Adam (a.s.) und seiner Frau Eva (a.s.). Im Laufe der Zeit bildeten sich viele verschiedene Völker, um Bekanntschaften zu schließen und gute Beziehungen aufzubauen.

Der Mensch besitzt im Vergleich zu anderen Wesen äußerst überlegene und privilegierte Eigenschaften und Kräfte. Dank dieser Veranlagung ist er in der Lage, sowohl das Gute zu fordern und auszuleben, als auch das Schlechte zu begehren und zu verbreiten. Zu mancher Zeit baute der Mensch mit einer geduldigen, fleißigen, selbstlosen, friedvollen und gerechten Haltung ein dementsprechendes Weltleben auf, und zu manch anderer Zeit stürzte er sich selbst aufgrund einer ignoranten, selbstsüchtigen, gierigen, voreiligen und undankbaren Art in Gefahr.

Nichtsdestotrotz lies Allah (s.t.) den Menschen niemals ohne seinen Segen und seine Hilfe allein. Allah (s.t.) unterstützte den Menschen bei seiner Prüfung auf der Erde und zeigte ihm mithilfe seiner Propheten und Büchern den rechten Weg auf. Zudem sandte er dem Menschen, den er erschuf und barmherzig behandelt, ein System, welches ihm das Gute, Schöne und Rechte lehren und ihm das Schlechte, Böse und Falsche aufzeigen soll. Dieses System, welches den Menschen auf seinem Lebensweg führen und ihm das Wohlergehen im Jenseits sichern soll, ist die „Religion“.

Die Religion

„Siehe, die Religion bei Allah ist der Islam."[3]
(Der heilige Koran)

Die Religion ist die Gesamtheit aller Gesetze, die von Allah mithilfe der Propheten an die Menschheit gesandt wurden. Diese Gesetze sind die alleinige Quelle der Wahrheit und wurden gesandt, um die Menschen durch deren eigene Überzeugung und Entscheidung zur Glückseligkeit auf der Welt und im Jenseits zu führen.

Die Existenz der Religion beginnt mit der Existenz des ersten Menschen und wird bis zum Ende der Welt fortwähren. Denn der erste Mensch und Prophet ist Adam[(a.s.)] und der letzte Prophet ist Muhammed Mustafa [(s.a.w.)], nach ihm es keinen anderen Propheten geben wird und dessen Prophetentum bis zum letzten Tag der Welt andauern wird. Das Bedürfnis des Menschen nach einer Religion ist unumgänglich, denn der Mensch möchte seinen Schöpfer kennen und den Sinn seiner Schöpfung erlernen. Warum und wie wurde der Mensch erschaffen? Was ist der Schöpfungsgrund des Universums, in dem der Mensch lebt? Was soll der Sinn des Lebens sein? Wie soll der

3 Al Imran, 3/19.

Mensch das Rechte vom Falschen unterscheiden? Was erwartet ihn nach dem Tod? Auf all diese Fragen möchte der Mensch Antworten erlangen.

Allah (s.t.) bestimmt die Prinzipien und Regeln der Religion und sendet sie als Offenbarungen an seine Propheten, die diese wiederum den Menschen übermitteln. Die Offenbarung (*Wahiyy*) bezeichnet das von Allah an seine Propheten gesandte, unbestreitbare Wissen, eine göttliche Botschaft und die *„azali"* (anfangslose) und *„abadi"* (ewige) Wahrheit. Die Pflicht der Propheten ist es, genau diese Wahrheit, also die Prinzipien der Religion, den Menschen zu überbringen.

Eine von Menschenhand festgelegte Ordnung sowie das vom Menschen bestimmte Gesetz und System kann niemals das Wesen und die Beschaffenheit einer Religion besitzen. Auch eine von Allah gesandte Religion, deren Bestandteile von Menschen geändert wurden, verliert ihre Eigenschaft, die „wahrhaftige Religion" zu sein.

Die Religion bietet dem Menschen ein geeignetes Lebensmodell, welches seinem Wesen entspricht. Sie lehrt Wege, um mit dem Gebrauch von Verstand und Seele eine Welt aufzubauen, die nicht nur für den Menschen, sondern auch für alle anderen Lebewesen bewohnbar ist. Die Religion bietet die vertrauenswürdigste Informationsquelle für die Beantwortung der Fragen der Menschen. Der Islam ist die einzige Religion, die an die gesamte Menschheit gesandt wurde, die Antworten auf ihre Fragen und Lösungen für ihre Probleme bieten kann und bis zum Ende der Welt gültig bleiben wird.

Der Islam

„[…] Heute habe ich euch euren Glauben vollendet und habe an euch meine Gnade erfüllt, und es ist mein Wille, dass der Islam euer Glauben ist […]“[4]
(Der heilige Koran)

Das Wort ***„Islam“*** hat Bedeutungen wie „Friede“, „Wohlergehen“ und „Ergebenheit“. Islam beschreibt die freiwillige und innige Zuwendung des Menschen zu Allah, ohne jeglichen Zwang, und die bedingungslose Akzeptanz seiner Gebote und Verbote. Eine Person, die den Islam als ihre Religion annimmt und dessen Regeln befolgt, wird „Muslim“ genannt.

Der Islam ist die letzte Religion, die von Allah *(s.t.)* an den letzten Propheten Muhammed *(s.a.w.)* gesandt wurde. Er ist ein einwandfreies Glaubens-, Ibadah- (Glaubenspraxis) und Moralsystem, welches bis zum Ende der Welt gültig sein wird, denn Allah *(s.t.)* sandte den Islam, um die Menschen an seine Gebote zu erinnern, nachdem diese die vorherigen Religionen verändert hatten.

Der Islam unterscheidet sich von den anderen Religionen mit seiner Eigenschaft, dass er an die gesamte

4 Ma'ide, 5/3.

Menschheit appelliert und bis zum letzten Tag der Welt gültig sein wird. Der Prophet des Islam ist der Prophet Muhammed Mustafa (s.a.w.) und das Buch, das ihm gesandt wurde, ist der heilige Koran. Der heilige Koran ist die endgültige und vervollständigende Form der Offenbarung, die mit dem Propheten Adam (a.s.) die Menschheit zu erreichen begann. Es wird keine Religion nach Islam, keinen Propheten nach dem Propheten Muhammed (s.a.w.) und keine Offenbarung nach dem heiligen Koran geben.

Alle Grundsätze des Islam dienen dem Schutz der von Allah (s.t.) geschaffenen Ordnung und Harmonie sowie dem Schutz des Menschen. Das Ziel des Islam ist es, dem Menschen als Wegweiser für eine gesunde Beziehung zu seinem eigenen Sein, zu Allah (s.t.), zu seinen Mitmenschen und zu allen lebendigen und leblosen Wesen zu dienen. Auf diese Weise soll sowohl der individuelle als auch gesellschaftliche Frieden gewährleistet werden und Gerechtigkeit und Barmherzigkeit auf der Welt herrschen. Die Grundsätze des Islam werden in drei Kategorien aufgefasst: die Grundsätze des Glaubens, die Grundsätze der Ibadah und die Grundsätze der Moral.

Der Glaube

„Ich schwöre bei Allah, in dessen Hand meine Existenz ist! Ihr gelangt nicht ins Paradies, solange ihr nicht wahrhaftig glaubt. Und ihr seid keine wahrhaftig Glaubenden, solange ihr einander nicht liebt.“[5]

(Der Prophet Muhammed - s.a.w.)

Der Eintritt einer Person in den Islam verwirklicht sich, indem diese Person wahrhaftig glaubt. Der Begriff *Iman* bezeichnet den Glauben an die Existenz und Einheit Allahs, an die Engel, die offenbarten Bücher, die gesandten Propheten, an den Jüngsten Tag und an das Schicksal. Als „Muslim“ wird eine Person bezeichnet, die an all dies glaubt, seinen Glauben mit Worten bezeugt und ihn in seinem Leben praktiziert.

Das Wort *Iman* beinhaltet Bedeutungen wie „in Sicherheit sein“ und „von Ängsten befreit sein“. Wer glaubt, befreit sich von allen möglichen Ängsten, indem er Allah[(s.t.)] vertraut. Wer glaubt, bereichert sein Leben mit Sinn und Wohlbehagen, er stärkt sein Selbstvertrauen und gewinnt an Widerstandskraft und Entschlossenheit gegenüber Schwierigkeiten.

5 Abu Dawud, Adab, 130.

Der Glaube hält den Menschen von schlechten Worten und Taten fern. Er schützt ihn vor dem Abdriften in falsche Wege und vor einem Leben in Unruhe und Verwirrung. Auf diese Weise wird der Gläubige zu einem vertrauenswürdigen Menschen erzogen, der in seiner Familie, seiner Nachbarschaft, seiner Stadt, seinem Land und sogar auf der ganzen Welt das Gute verbreitet und Übel verhindert.

Der Glaube findet sein Fundament auf sechs Grundsätzen: der Glaube an Allah, an die Engel, an die offenbarten Bücher, an die Propheten, an den Jüngsten Tag und an das Schicksal.

Der Glaube an Allah (Subhanahu wa Ta'ala)

„Allah wird denen die Hölle verbieten, die mit ihrem Herzen bestätigen, dass es keinen Gott außer Allah gibt und dass Muhammed Allahs Gesandter ist.“[6]

(Der Prophet Muhammed – s.a.w.)

Der Glaube an Allah bildet das Fundament des Islam. Allah (s.t.) ist es, der das Universum aus dem Nichts erschuf, er ist der Schöpfer und Herrscher aller Existenzen, angefangen vom kleinsten Atom bis hin zu den Galaxien. Er erschafft den Menschen und alle anderen Wesen, schenkt ihnen Leben und nimmt dieses wieder, um sie nach dem Tod wieder auferstehen zu lassen.

Es gibt keinen Gott außer Allah; Allah (s.t.) ist der Einzige. Er wurde weder geboren, noch brachte jemand seine Existenz hervor. Jegliche Existenzen sind von ihm abhängig und bedürfen seiner Unterstützung, wiederum braucht Allah nichts und niemanden. Es gibt keine Existenz, die ihm gleich ist oder ihm ähnelt. Er besitzt keinerlei Ähnlichkeit zu Wesen, die existiert haben, existieren

6 Bukhari, Ilm, 49.

oder existieren werden. Allah ist der alleinige Besitzer absoluter Macht, Herrschaft, Autorität und Bestimmung. Allah ist lebendig. Alle Wesen werden eines Tages sterben, doch Allah wird immerwährend existieren. So wie seine Existenz keinen Anfang hat, hat sie auch kein Ende.

Allah ist der Allsehende, der Allhörende und der Allwissende. Es gibt nichts, das ihm verborgen bleibt, ihm schwerfällt und zu keinem Zeitpunkt des Daseins geschieht etwas ohne sein Wissen oder seinen Willen. Er ist der Allmächtige und besitzt unendliche Kraft. Allah ist der Vergebende, der Rechtleitende, der Beschützer und Erbarmer. Er beschenkt die Menschen mit Gaben, hilft und beschützt sie. Gleichzeitig ist Allah auch der Bestrafende jener, die ihm andere Gottheiten bei Seite stellen, die stur in ihrem Unglauben beharren, der Polytheisten und der Leugner.

Der Islam ist die Religion des absoluten Monotheismus (***Tawhid***). „Tawhid" bedeutet an Allah zu glauben und ihm kein anderes Wesen beizugesellen. Ein Gläubiger glaubt aus voller Überzeugung an die Existenz und Einheit Allahs und verneint die Existenz eines gleichen, ähnlichen oder ebenbürtigen Wesens. Er lernt Allah mithilfe seiner Namen und Eigenschaften kennen und bindet sich an ihn. Er bezeugt seinen Glauben mit seinen Worten und praktiziert ein Leben gemäß seinem Glauben. Letztendlich ist es die Aufgabe des Menschen, an seinen Schöpfer, der ihm Leben schenkt und für die Weiterführung seines Lebens sorgt, zu glauben.

Der Ruf zum Glauben an Allah ist der gemeinsame Appell aller Propheten. Diesem Ruf Gehör zu schenken ist nicht nur die tugendhafteste Tat, die der Mensch verrichten kann, sondern auch das Mindeste, was er für Allah machen sollte.

Der Glaube an Allah erfordert, ihn über alles zu lieben, ihm den gebührenden Respekt zu erweisen, ihm unter allen Umständen zu vertrauen und nur ihn um Hilfe zu bitten. Wer an Allah glaubt, lebt mit dem Bewusstsein, dass Allah ihn zu jeder Zeit sieht und hört, über all seine Taten Bescheid weiß und ihn eines Tages zur Rechenschaft ziehen wird. Folglich wird er ein Leben gemäß seinem Glauben führen und Allahs Wohlgefallen über seine eigenen Wünsche und Begierden stellen. Solch eine Person wird den Frieden im Glauben finden und sein Wohlbehagen auch unter Mitmenschen verbreiten.

Der Glaube an die Engel

„Wer nicht glaubt an Allah und seine Engel und seine Schriften und seine Gesandten und an den Jüngsten Tag, der ist weit abgeirrt.“[7]
(Der heilige Koran)

Die Geschichte der Menschheit birgt viele verschiedene Glaubensweisen an mächtige und unsichtbare Wesen. Der Machtkampf zwischen Gut und Böse wird oftmals bezugnehmend auf diese Wesen erzählt. Doch wie viele dieser mythischen Erzählungen sind wahr? Nur die letzte Religion, welche von Allah, dem Herrscher aller sichtbaren und unsichtbaren Welten, kann wahres und unanfechtbares Wissen zu diesem Thema liefern. Der Glaube an die Engel, die zu den unsichtbaren Wesen gehören, ist einer der Glaubensgrundsätze des Islam.

Laut dem Islam sind Engel Wesen, die von Allah erteilte Aufgaben erfüllen, seinen Befehlen vorbehaltlos folgen und als Symbol des Guten gelten. Engel haben weder ein Geschlecht noch besitzen sie Bedürfnisse wie das Essen und Trinken. Sie werden im heiligen Koran als Wesen mit Flügeln beschrieben, dennoch ist es nicht richtig,

---

7 Nisa, 4/136.

sie als vogel- oder frauenähnliche Wesen zu beschreiben. Der heilige Koran kritisiert Vorstellungen dieser Art und charakterisiert die Engel als „Diener des Erbarmers“.[8]

Die Engel werden nach ihrer hierarchischen Ordnung und ihren Aufgaben in verschiedene Gruppen unterteilt. „*Dschibril/Gabriel*“ (a.s.) der die Offenbarungen Allahs den Propheten überbringt, „*Mikail/Michael*“ (a.s.) der weltliche Aufgaben wie Naturereignisse überwacht, „*Azrael*“ (a.s.) der als Todesengel gilt, und „*Israfil*“ (a.s.), der am Tag des Jüngsten Gerichts in das Horn blasen wird, sind die vier Erz-Engel. Darüber hinaus gibt es Engel mit vielen verschiedenen Aufgaben wie den Thron zu tragen, die Menschen zu beschützen und für sie zu beten, die guten und schlechten Taten der Menschen aufzuzeichnen und sie in ihren Gräbern zu befragen. Zudem gibt es Engel, die verschiedenen Aufgaben im Paradies und in der Hölle nachgehen.

Sowie alle anderen Lebewesen wurden auch die Engel von Allah geschaffen. Sie trotzen keinem Befehl Allahs, handeln nur nach seiner Erlaubnis und seinem Willen und können nicht mehr wissen, als Allah sie lehrt. Folglich können sie nicht als göttliche oder herrschende Mächte angesehen werden.

Eine der Haupteigenschaften eines Muslims, der aufrichtig an Allah gebunden ist, ist sein Glaube an das Verborgene (*Ghayb*). Der Glaube an die Engel ist ein Teil dieses Glaubens.

8 Zuhruf, 43/19.

Der Glaube an die offenbarten Bücher

„Die Menschen waren eine Gemeinde; und dann entsandte Allah Propheten als Freudenboten und Mahner und sandte mit ihnen die Schrift mit der Wahrheit hinab, damit sie unter den Menschen richteten in dem, worin sie uneins waren.“[9]

(Der heilige Koran)

Die offenbarten Bücher sind die Sprache Allahs und seine Rede zu den Menschen. Sie sind die schriftlich niedergefasste Form der *Azali-* (anfangslosen) und *Abadi-* (ewigen) Wörter, Befehle und Offenbarungen Allahs. Die Erhabenheit der Worte Allahs im Gegensatz zu anderen Worten ist wie die Erhabenheit Allahs gegenüber seinen Dienern. Allah machte den Menschen, den er als das erhabenste Geschöpf erschuf, zu seinem Adressaten, indem er ihm Bücher sandte. Zudem unterstützt er ihn während seiner Prüfung auf Erden und ermöglicht ihm die Erkenntnis der Wahrheit sowie die Unterscheidung zwischen Gut und Schlecht.

9 Baqara, 2/213.

In den frühen Stadien der Menschheitsgeschichte wurden manchen Propheten kleine Bücher gesandt, die *Suhuf* (plural *Sahifa*, arab. für Seite) genannt werden. Allah sandte zehn dieser Seiten an den Propheten Adam (a.s.), fünfzig an den Propheten Seth *(Schiyth)* (a.s.), dreißig an den Propheten Idris (*Enoch*) (a.s.) und zehn an den Propheten Abraham (a.s.).

Später wurden nach folgender Reihenfolge die vier großen Bücher gesandt: Dem Propheten Moses (a.s.) wurde die Thora *(Tawrat)* dem Propheten David (a.s.) wurde der Psalm (*Zabur*) dem Propheten Jesus (a.s.) wurde die Bibel (*Indschil*) und dem Propheten Muhammed (s.a.w.) wurde der heilige Koran gesandt. Der heilige Koran ist das letzte offenbarte Buch, welches bis zum Ende der Welt gültig sein wird und an die gesamte Menschheit gerichtet ist.

Ein Muslim glaubt daran, dass alle offenbarten Bücher von Allah gesandt wurden und folglich wahr sind. Jedoch beinhaltet der Glaube an die Offenbarung nur den Glauben an die originalen und unveränderten Suhuf/Seiten und Bücher. Das heißt, ein Muslim glaubt daran, dass die Bücher außer dem heiligen Koran, das heißt, die Thora, der Psalter und die Bibel von den Menschen verändert wurden und in ihrem heutigen Zustand nicht dem Original entsprechen.

Dieser Glaube erfordert von einem Muslim eine vorsichtige und achtsame Stellung gegenüber der Offenbarung Allahs. Ein Muslim sollte, wenn er auf eine Information aus der Thora oder der Bibel trifft, stets die Übereinstimmung dieser Information mit dem heiligen Koran kontrollieren, bevor er sie als wahr oder falsch beurteilt. Im Falle, dass eine Information nicht den Informationen aus dem heiligen Koran widerspricht und auch nicht den

Grundsätzen des Islam zuwider ist, wird er diese Information als eventuell richtig einstufen. Jedoch ist es nicht möglich zu behaupten, dass Informationen, die im Widerspruch zu den Grundsätzen des heiligen Korans oder gegen seine universellen Botschaften stehen, von Allah stammen ***könnten***.

Die Menschen veränderten die gesandten Bücher, nur um einen weltlichen Profit zu erlangen. In der Vergangenheit täuschten vermeintliche Geistliche unschuldige Menschen und ganze Völker, indem sie ihre eigenen Schriften als Offenbarungen Allahs präsentierten und verdarben damit die Wahrhaftigkeit der offenbarten Bücher. Der heilige Koran ist die einzige Offenbarung, die bis zum heutigen Tage sowohl als Schrift als auch als Inhalt keine einzige Veränderung erlitten hat und seine Wahrhaftigkeit bis zum Ende der Welt bewahren wird.

Der Glaube an die Bücher und die Akzeptanz des heiligen Korans als Wegweiser erfordert nicht nur eine innige Überzeugung, dass dieser von Allah gesandt wurde, sondern auch ein Leben gemäß den vom Koran überbrachten Geboten. Letztendlich ist das Ziel der Offenbarungen, gelesen, verstanden und ausgelebt zu werden.

Die letzte Offenbarung: der heilige Koran

„Ich habe euch etwas hinterlassen; wenn ihr daran festhaltet, werdet ihr niemals in die Irre gehen: Es ist das Buch Allahs.“[10]

(Der Prophet Muhammed –s.a.w.)

Der Koran ist die letzte Offenbarung und das letzte Buch Allahs, womit er mittels des Propheten an die Menschen appelliert. Allah bekundet ausdrücklich, dass der heilige Koran von ihm gesandt wurde und bis zum Ende der Welt unter seinem Schutz stehen wird.[11] Die markanteste Eigenschaft des heiligen Korans, welche ihn von allen anderen Büchern unterscheidet, ist, dass er nicht nur an die Menschen einer bestimmten Ortschaft oder an ein bestimmtes Volk gerichtet ist, sondern an die komplette Menschheit appelliert und niemals einer Veränderung unterlegen sein wird.

Damit eine Person ein Muslim werden kann, muss sie an den heiligen Koran glauben. Der heilige Koran ist die primäre Quelle des Islam. Der Islam fing mit der

---

10 Muslim, Haddsch, 147.

11 Hidschr, 15/9.

Offenbarung des heiligen Korans an, die Menschheit zu erreichen. Mit dem Ende der Offenbarung erreichte auch der Islam seine Vollkommenheit.

Der heilige Koran ist der Ruf Allahs und das Heil der Seelen. Es ist das schönste aller Worte und das größte Wunder des Propheten Muhammed (s.a.w.). Er ist das Band, an welches die Menschen sich gemeinsam festhalten müssen; die Quelle der Rechtleitung und eine Gelegenheit zum Erhalten von Barmherzigkeit.

Die weltliche und jenseitige Glückseligkeit des Menschen verbirgt sich im heiligen Koran. Er enthält Erklärung für streitbare Themen, auf die sich die Menschheit nicht einigen kann, und viele Informationen über Ereignisse in Bezug auf die Vergangenheit und Zukunft sind im Koran enthalten.

Den heiligen Koran zu rezitieren, seiner Rezitation zuzuhören, ihn zu erlernen und zu lehren, ist eine Pflicht für jeden Muslim und zudem eine heilbringende Tat (*Sawab*). Selbstverständlich wurde der heilige Koran nicht nur herab gesandt, damit er von den Menschen rezitiert wird. Er wurde gesandt, damit die Menschen über seine Botschaften nachdenken, versuchen diese zu verstehen und ein Leben gemäß den Koran-Versen führen. Wer sich das Ziel setzt, solch ein Leben zu führen, wird sich das Leben des Propheten Muhammed (s.a.w.) als Vorbild nehmen, denn der Prophet war der Beste im Verstehen, Lehren und Ausleben des heiligen Korans.

Der Glaube an die Propheten

„Siehe die, welche nicht an Allah glauben und an seine Gesandten und einen Unterschied machen wollen zwischen Allah und seinen Gesandten und sprechen: ‚Wir glauben an einige und glauben an andre nicht', und einen Weg dazwischen einschlagen wollen: Jene sind die wahren Ungläubigen."[12]

(Der heilige Koran)

Propheten sind von Allah auserwählte Menschen und wurden damit beauftragt, Allahs Botschaften den Menschen zu überbringen. Der Glaube an die Propheten beinhaltet die Bezeugung, dass sie Allahs gesegnete Gesandten sind, und die Akzeptanz aller überbrachten Botschaften.

Der Glaube an die Propheten ist eines der Glaubensgrundsätze des Islam. Laut dem Islam muss ein Muslim an alle Propheten und ihre überbrachten Offenbarungen glauben, auch wenn es gewisse Unterschiede zwischen den Propheten gibt und manche Propheten manchen anderen überlegen sind. Dementsprechend sollte ein Muslim an alle Propheten glauben, sie mit Liebe und Respekt würdigen und der Führung des letzten Propheten folgen.

---

12 Nisa, 4/150-151.

Adam (a.s.), der erste Mensch, war gleichzeitig auch der erste Prophet. Der letzte Prophet hingegen ist Muhammed Mustafa (s.a.w.). Allah ließ den Menschen niemals auf sich allein gestellt ohne einen Wegweiser, ein Vorbild und ohne einen Propheten. Zwischen diesen zwei Propheten kamen viele Propheten, denen ein Buch gesandt wurde oder nicht, deren Namen bekannt sind oder nicht. Und doch war ihr aller Ermahnung dieselbe: Dient Allah!

Die Propheten trugen die Aufgabe, Allahs Botschaften den Menschen vollständig, das heißt ohne jegliche Kürzung und ohne jeglichen Zusatz, zu überbringen. Doch war die Überbringung der Offenbarung nicht ihre einzige Aufgabe. Hinzu kam die Verpflichtung, die Offenbarungen den Menschen zu erklären, sie auszuleben und somit den Menschen ein einwandfreies Vorbild zu sein. Der heilige Koran erzählt die Geschichte vieler Propheten, die auf diesem Weg Leid und Qual ertragen mussten und mit Allahs Erlaubnis große Wunder vollbrachten.

Auch wenn der Mensch mithilfe seines Verstandes die Existenz Allahs nachvollziehen kann, bleiben ihm seine Gebote ohne einen Boten Allahs verborgen. Aus diesem Grund ist derjenige, der Allahs Gebote und Verbote einhalten möchte, auf einen wegweisenden Propheten angewiesen. Zudem muss ein Gläubiger, bevor er an die offenbarten Bücher glauben kann, zunächst an die Propheten glauben, an die diese Bücher gesandt wurden.

Propheten sind ehrliche, zuverlässige, vertrauenswürdige, intelligente, nachsichtige und sündenfreie Menschen. Sie überbringen den Menschen Allahs Verse, lehren ihnen das Buch und die Wahrheit, rufen sie zum ***Tawhid***, dem absoluten Monotheismus auf und befreien sie von der Leugnung Allahs und jeglichem Übel. Zweifellos ist der Prophet Muhammed (s.a.w.) das letzte und vollkommenste Glied der Reihe der Propheten.

Der letzte Prophet: Muhammed (s.a.w.)

„Oh Prophet, Wir haben dich entsandt als einen Zeugen, Freudenboten und Warner und als einen, der da einladet zu Allah mit seiner Erlaubnis, und als ein leuchtendes Licht.“[13]

(Der heilige Koran)

Muhammed Mustafa (s.a.w.), der Prophet des Islam, ist Allahs Diener und Gesandter und der letzte Prophet. Jeder, der den Islam als seine Religion annimmt, muss die ***Kalimah al-Schahadah***[14] sprechen und akzeptiert somit, dass Muhammed (s.a.w.) der Diener und Gesandte Allahs ist.

Der Prophet Muhammed (s.a.w.) wurde als Segen ***für das gesamte Dasein (alle Welten)*** gesandt und brachte der Gesellschaft, in der er lebte und in der Gewalt und Unwissenheit herrschte, Barmherzigkeit und Gerechtigkeit. Seinen Aufgaben als Prophet ging er 23 Jahre lang mit Geduld, Ehrgeiz, Überzeugung und Fürsorglichkeit nach und errichtete eine vorbildliche islamische Gesellschaft.

---

13 Ahzab, 33/45-46.

14 Die „Kalimah al-Schahadah“ ist das Glaubensbekenntnis des Islam und lautet: *Asch hadu an la ilaha illa ’llah wa asch hadu anna Muhammed an abduhu wa rasuluhu* = Ich bezeuge: Es gibt keinen Gott außer Allah und ich bezeuge, dass Muhammed der Diener und Gesandte Allahs ist.

Der Prophet (s.a.w.) war aufgrund seines ausgezeichneten Koran-Verständnisses und seiner einwandfreien Auslebung des heiligen Korans nicht nur für sein Umfeld, sondern auch für die Gesamtheit aller Muslime zu jeder Zeit und an jedem Ort ein Vorbild. Selbst vor seiner Berufung zum Propheten wurde er in Mekka als *„Muhammed-ul-Amin“* (der vertrauenswürdige Muhammed) bekannt und galt als Beispiel der Tugend und Moral. Der Prophet Muhammed (s.a.w.) weichte niemals von der Ehrlichkeit und der Aufrichtigkeit ab und lehrte den Menschen, die Rechte und die Unantastbarkeit aller Menschen zu respektieren, sowie die Wertschätzung des Wissens und die Wichtigkeit der Konsultation/des Beratschlagens zu würdigen.

Wie aus den Erzählungen der *Sahaba* (Gefährten des Propheten) zu entnehmen ist, war der Prophet Muhammed (s.a.w.) ***äußerst großzügig und hilfsbereit. Sein Leben lang gab er stets Acht, weder seine Frau noch jemanden, der zu seinen Diensten stand, zu*** kränken. Er lebte ein schlichtes, bescheidenes Leben und besaß ein verständnisvolles, vergebendes, nachsichtiges und höfliches Wesen. Die Missachtung von Allahs Geboten war der einzige Umstand, in dem er entrüstet und wütend reagierte. Mit seinem weichen Herz, seinem lächelnden Gesicht, seiner Vertrauen schenkenden Stimme und seiner noblen Haltung war er ein einzigartiger Mensch.

Der Weg zu Allah führt über eine innige Bindung zum Propheten Muhammed (s.a.w.). Um die Glückseligkeit auf der Welt und im Jenseits zu erlangen, muss jeder Muslim der Führung des Propheten unterliegen, ihn aufrichtig lieben und ein Leben gemäß seiner *Sunnah* (der Lebensart und Handelsweise des Propheten als Vorbild des koranischen Lebens) leben.

Der Glaube an den Jüngsten Tag / an das Jenseits

„Die das Gebet verrichten und die Armensteuer entrichten und fest ans Jenseits Glauben.“[15]
(Der heilige Koran)

Das Leben im Jenseits (*Akhirah*) beginnt mit dem Ende des weltlichen Lebens und erstreckt sich bis in die Endlosigkeit. Der Glaube an das Jenseits und an den Jüngsten Tag ist eine Grundvoraussetzung, um ein Muslim zu sein. Zwischen dem Glauben an den Jüngsten Tag und dem Glauben an Allah besteht eine direkte und äußerst wichtige Verbindung. Die Leugnung der Akhirah bedeutet zugleich die Leugnung Allahs, der die Welt als einen Prüfungsort erschuf und den Menschen darüber informierte, dass die Welt vergänglich ist und das Leben im Jenseits fortgeführt wird.

Mit dem Ausbruch der *Qiyamah,* das heißt, mit dem Ende der Welt, werden alle Menschen von Allah zur Rechenschaft gezogen. Allahs Gerechtigkeit wird sich manifestieren, sodass sich die Guten von den Schlechten, die Tyrannen von den Unterdrückten und die Rechten von

15 Luqman, 31/4.

den Unrechten unterscheiden und jeder das Ergebnis seiner Taten vergolten bekommt.

Der Glaube an den Jüngsten Tag beeinflusst und entwickelt dass Verantwortungsbewusstsein des Menschen. Mit dem Wissen, dass Allah, der Besitzer der Erde und der Himmel, den Menschen für all die Gaben und Güter, die ihm anvertraut wurden, zur Rechenschaft ziehen wird, gewinnt der Mensch eine gewisse Sensibilität. Diese Sensibilität hat Auswirkungen auf jegliche Interaktionen des Menschen, angefangen von seinen sozialen Beziehungen bis hin zu seiner Haltung gegenüber der Natur und auf sein Verhalten.

Der Glaube an den Jüngsten Tag verhilft dem Menschen dazu, dass er sein Leben nach einem erhabenen Zweck ausrichtet, ein rechtschaffenes Ziel bestrebt und sich dem Guten zuwendet. Zudem verringert dieser Glaube Gefühle wie Gehässigkeit, Eifersucht, Feindseligkeit und Hass und stärkt hingegen positive Haltungen, sodass der Mensch mehr vergibt, nachsichtiger ist und mehr Hoffnung und Geduld in sich trägt. Des Weiteren wird die Widerstandsfähigkeit des Menschen gestärkt, wodurch er besser mit den Hürden des Lebens umgeht. Darüber hinaus spendet der Glaube an den Jüngsten Tag Hoffnung auf der Suche nach Gerechtigkeit, die in manchen Fällen vergeblich ist, dass Allah am Tag des Jüngsten Gerichts seine Gerechtigkeit walten wird.

Wer an den Jüngsten Tag glaubt, sich stets den Tod in Erinnerung ruft und sich dementsprechend auf das Leben nach dem Tod vorbereitet, ist der Bewussteste unter den Muslimen. Letztendlich ist die Vorbereitung auf ein ewiges Leben im Paradies die beste Investition, um die sich ein Mensch bemühen kann.

Der Glaube an das Schicksal

„Siehe, alle Dinge erschufen wir nach Maß und Plan.“[16]
(Der heilige Koran)

Der Glaube an das Schicksal ist eines der sechs Glaubensgrundsätze des Islam. Es beinhaltet den Glauben daran, dass alles Gute und Schlechte, das Rechte und Falsche, Lebendige und Leblose, Nützliche und Nutzlose im Universum mit Allahs Wissen, Willen, Kraft, Festsetzung und Schöpfung geschieht.

Auf der Welt gibt es viele Geschehnisse, die nicht im Einflussbereich und in der Macht des Menschen liegen. Beispielsweise ist es für den Menschen unmöglich, seine eigene Familie, Herkunft, Hautfarbe oder sein Geschlecht zu bestimmen. All dies sind Geschehnisse und Umstände, die durch Allah bestimmt werden und unter dem Begriff Schicksal zusammengefasst werden.

Andererseits gibt es auch manche gute und schlechte Ereignisse, bei deren Verwirklichung der Mensch mitbeteiligt ist. Allah gab den Menschen einen gewissen Bewegungs- und Handelsfreiraum, damit diese ihre

16 Qamar, 54/49

Entscheidungen frei wählen können. In diesem Rahmen besitzt der Mensch eine Willenskraft, mit welcher er sowohl gut und rechtschaffen als auch schlecht und sündhaft handeln kann. In solchen Situationen erfolgt die Schöpfung Allahs gemäß den Bemühungen und der Entscheidung des Menschen. Folglich sind auch die vom Menschen getroffenen Maßnahmen und gefällten Entscheidungen ein Teil des Schicksals.

Was auch immer im Universum geschieht, Allahs Wissen umfasst jedes Geschehnis von Beginn aller Daseins bis zur Unendlichkeit. Selbst vor der Geburt des Menschen weiß Allah alle Details über dessen Leben, sowie auch alle Entscheidungen, die diese Person fällen wird. Doch bedeutet dies nicht, dass Allah den Menschen zu einer Handlung zwingt oder dass der Mensch einem gefallenen Blatt ähnelt, welches vom Wind von Ort zu Ort getragen wird. Allahs Wissen über die Zukunft ist keinerlei Verhinderung der Freiheit des Menschen und hebt seine Verantwortungspflicht nicht auf. Beispielsweise stiehlt ein Mensch nicht, weil Allah dies vorher wusste, sondern weil er sich freiwillig und bewusst für die schlechtere der zwei Optionen entscheidet, die ihm geboten wurden. Folglich muss er die Konsequenzen seiner Wahl und seines Handelns tragen.

Im Grunde genommen sind es die eigenen Handlungen des Menschen, die ihn zur Glückseligkeit oder zum Elend auf der Welt und im Jenseits verleiten. Entscheidend ist, dass der Mensch seine Willenskraft nutzt, um sich dem Guten und Rechtem zu widmen, und nicht den Weg des Übels einschlägt. Schlussendlich muss jeder die Konsequenzen seiner Entscheidungen tragen und niemand kann sich von seiner Verantwortungspflicht befreien, indem er seine Handlungen dem Schicksal zuschreibt.

Wer an das Schicksal glaubt, akzeptiert, dass letztendlich Allah der wahrhaftig Handelnde ist. Der Prophet Muhammed (s.a.w.) erklärt dies mit folgenden Worten: „*Wisse, selbst wenn sich die gesamte Menschheit versammelt, um dir Gutes zu tun, können sie dies nicht ohne Allahs Willen. Und auch wenn sich die gesamte Menschheit versammelt, um dir zu schaden, können sie dies nicht ohne Allahs Willen. Zu diesem Thema wurden die Stifte beiseitegelegt (es wird nichts Neues niedergeschrieben und festgelegt), und die Seiten sind getrocknet (es wird sich nichts ändern).*“[17]

Ein Mensch, der an das Schicksal glaubt, weiß, dass Regen unter bestimmten physischen Gegebenheiten entsteht. Doch weiß er auch, dass die Entstehung des Regens nicht nur von diesen Gegebenheiten abhängig ist. Ein Muslim blickt hinter die offensichtlichen Gründe und sieht, dass der Regen durch den Willen Allahs entsteht und auf den Erdboden trifft. Der letzte, entscheidende Befehl, der Wille, die entscheidende Kraft und das Erschaffen gehören zweifellos Allah.

Im Islam gibt es keinesfalls ein Verständnis vom Schicksal, wonach der Mensch ohne jegliche Bemühung einen Erfolg erreichen kann oder, ohne selbst aktiv zu werden, etwas von Allah erwartet und somit all seine Erwartungen an Allah richtet und sich selbst von seinen Verantwortungen befreit. Ein Muslim, der an das Schicksal glaubt, muss seinen Verantwortungen rechtmäßig nachgehen und entschieden, strebsam und geduldig handeln. Ein Muslim macht zunächst alles in seiner Macht Stehende, um seinen Zielen näherzukommen, trifft die nötigen Maßnahmen, vertraut dann Allah und überlässt ihm das Ergebnis.

17 Tirmidhi, Sifatu'l-Kiyama, 59.

2. DIE GRUNDSÄTZE DER IBADAH (GLAUBENSPRAXIS)

Das Bewusstsein für die Ibadah

„(Das Wort) ‚Ihsan' beschreibt das Verrichten der Ibadah mit einem Bewusstsein, als würdest du Allah sehen. Auch wenn du Allah nicht siehst, so sieht er dich."[1]

(Der Prophet Muhammed –s.a.w.)

Allah erschuf den Menschen auf perfekte Weise und stellte alles Existierende im Universum zu seinen Diensten. Er rüstete ihn mit idealen Fähigkeiten aus, sodass er seinen Verstand gebrauchen, Lösungen entwickeln, nachdenken, sprechen, schreiben und seinen Willen durchsetzen kann. Im Gegenzug erwartet Allahs einzig und allein, dass der Mensch sich ihm hingibt (seinen Geboten gefällig lebt).

Allah ein Diener zu sein, erfordert die absolute Unterwerfung und eine innige Bindung zu Allah, sowie ein Verantwortungsbewusstsein hinsichtlich der Pflichten des Menschen. Allahs Diener zu sein bedeutet zugleich sich dessen bewusst zu sein, dass jede Handlung – ob gut oder schlecht – Allah bekannt ist und dass eines Tages für alle Taten eine Rechenschaft vor Allah abgelegt werden muss. Diese Hingabe verlangt nicht nur den Glauben

1 Bukhari, Tafsir, Lokman, 31.

(*Iman*) und einen edlen Charakter, sondern auch die Anbetung Allahs (*Ibadah*). Die Ibadah ist im eigentlichen Sinne die Essenz, Allahs Diener zu sein und der Schöpfungsgrund des Menschen. Schließlich sollte der Mensch Allah, der ihn mit zahllosen Gaben bereicherte, nicht vergessen und sein Bewusstsein über seine Pflicht als Diener mithilfe der Ibadah lebendig halten.

Durch die Ibadah wendet sich der Mensch unmittelbar und direkt an Allah und drückt seine Bedürftigkeit und Unterlegenheit aus. Wer die Glaubensgrundsätze akzeptiert, muss zur Bewahrung und Stärkung seines Glaubens stets die Ibadah verrichten.

Es gibt grundlegende Ibadah, die der Islam vorschreibt und die jeder Muslim verrichten muss, der dazu imstande ist. Diese sind die Bezeugung der „Kalimah al-Schahadah", die Verrichtung des Pflichtgebets (*Salah*), die Armensteuer (*Zakah*), die Pilgerfahrt (*Haddsch*) und das Fasten (*Sawm*) im Ramadan.

Abgesehen von diesen Ibadah, die als Fardh (Verpflichtungen, die jeder Muslim bedingungslos erfüllen muss) gelten, zählt jede mit Aufrichtigkeit erfüllte Tat als eine Art Ibadah und bringt dem Muslim Belohnung/*Sawab* ein. In diesem Rahmen zählen beispielsweise Handlungen wie der Ruf zum Rechten und die Vermeidung des Übels, die Erhaltung der Gerechtigkeit, die Versorgung der Familie, das Grüßen und Anlächeln von Mitmenschen, sowie die Hilfeleistung an Bedürftige als Ibadah.

Auch dass jemand seinem Ehepartner, seinen Eltern und Kindern Gutes tut, die Beziehung zu seinen Verwandten und Nachbarn pflegt, einen Trauernden tröstet, einem Waisenkind Zuneigung zeigt, einen bedürftigen Schüler bei seiner Bildung unterstützt, alte Menschen respektiert und Menschen mit Behinderungen hilft, zählt zu den Ibadah.

Zudem gehört auch das Teilen von Wissen und Erfahrungen, Ehrlichkeit und Vertrauenswürdigkeit im Geschäft, die Bemühung, Menschen von schädlichen Süchten zu befreien, der Schutz der Natur und das Beachten von Tierrechten zu den Ibadah.

Wer sich darum bemüht, sich von schlechten Charaktereigenschaften und Verhalten fernzuhalten, stattdessen sich bemüht gute Eigenschaften anzueignen, sich nicht von seinen Begierden treiben zu lassen und versucht, mit seinem Umfeld gut auszukommen, ist wahrlich im Besitz eines Bewusstseins für die Ibadah.

Die Ibadah sind von einer Beschaffenheit, die dem Menschen dabei hilft, sich von menschlichen Trieben und Schwächen zu befreien, ihm zu einer gewissen Disziplin verhilft und ihm Zielstrebigkeit, Widerstandskraft und Geduld lehrt.

In dieser Hinsicht lehrt das rituelle Pflichtgebet eine Zeitdisziplin, das Fasten den Wert der Gaben Allahs, die Pilgerfahrt die Ebenbürtigkeit und Geschwisterlichkeit aller Menschen und die Sozialsteuer das Teilen.

Auch wenn die Ibadah auf den ersten Blick aussehen, als würden sie nur aus bestimmten Regeln, Bewegungen und Formen bestehen, verbergen sie die Liebe, den Respekt und die Unterwerfung gegenüber Allah in sich.

Die Ibadah zu verrichten führt dazu, dass der Mensch von negativen Gefühlen und Gedanken wie Egoismus, Arroganz, Einbildung, Eifersucht, Vergeudung, Begierde und Geiz befreit wird. Die Ibadah dienen regelrecht der Erziehung des Muslims, sodass er sich weiterentwickelt und seelisch reift und ein nützliches Mitglied für seine Gemeinschaft wird.

Kalimah al-Schahadah

„Der Islam beruht auf fünf Grundpfeilern: der Bezeugung, dass es keinen Gott außer Allah gibt und dass Muhammed der Gesandte Allahs ist, dem Verrichten des rituellen Pflichtgebets, dem Entrichten der Armensteuer, der Erfüllung der Pilgerfahrt und dem Fasten im Monat Ramadan.“[2]

(Der Prophet Muhammed –s.a.w.)

Der Glaube an den einen und einzigen Gott - Allah, das heißt an Tawhid (Monotheismus), bildet die Basis des Islam. Der Ausdruck dieses Glaubenssatzes und die erste Voraussetzung, um ein Muslim zu werden, ist es, die Kalimah al-Schahadah zu sprechen. Diese lautet: ***„Asch hadu an la ilaha illallah wa asch hadu anna Muhammed an abduhu wa rasuluhu.***“ Mit der Kalimah al-Schahadah bezeugt der Muslim, dass es keinen Gott außer Allah gibt und dass Muhammed (s.a.w.) der Diener und Gesandte Allahs ist.

Demnach bezeugt ein Muslim zunächst, dass es keinen Gott außer Allah gibt. Wer die Kalimah al-Schahadah spricht, akzeptiert, dass es niemanden außer Allah

2 Bukhari, Iman, 2.

gibt, zu dem gebeten werden könnte, der um Hilfe angefleht werden könnte, der eine gleiche Autorität besitzen könnte; dass Allah der einzige Versorger und Erschaffer der Versorgung ist und dass nur er um Versorgung gebeten werden kann; dass nur Allah zu vertrauen ist und sich nicht auf andere Existenz zu verlassen; dass nur Allah angebetet werden soll und nur bei ihm Vergebung zu suchen ist.

Als Zweites bezeugt ein Muslim mit der Kalimatut-Schahada, dass Muhammed *(s.a.w.)* der Diener und Gesandte Allahs ist. Allem voran ist zu beachten, dass auch der letzte Prophet Muhammed *(s.a.w.)* ein Diener Allahs und nur ein Mensch ist. Eine Vergöttlichung des Propheten Muhammed *(s.a.w.)*, so wie Jesus *(a.s.)* nach seinem Tod vergöttlicht wurde, steht außer Frage. Doch ist der Prophet Muhammed *(s.a.w.)* selbstverständlich kein gewöhnlicher Diener, denn er wurde von Allah als sein Gesandter und Überbringer der Offenbarung auserwählt. Er war dazu verpflichtet, die ihm gesandten Offenbarungen den Menschen fehlerfrei zu überbringen, zu erklären und diese selbst beispielhaft auszuleben. Er stand stets unter dem Schutz und der Kontrolle Allahs.

Die Reinheit

„Die Reinheit ist die Hälfte des Glaubens/Imans.“[3]

(Der Prophet Muhammed –s.a.w.)

Ein charakteristisches Merkmal des Islam ist die große Bedeutung, die er der materiellen und spirituellen Reinheit beimisst. Die materielle Reinheit umfasst die Reinhaltung des Körpers, der Kleidung, Habseligkeiten, des Wohnungsortes, des Umfelds und im Gesamtbild die Reinhaltung der Welt. Die spirituelle Reinheit beinhaltet hingegen die Reinhaltung der Seele, des Herzens und des Verstandes, indem der Mensch sich von Boshaftigkeiten, Übelkeiten und Sünden fernhält.

Der Islam untersagt die Verunreinigung des Umfeldes durch menschliche Ausscheidungen. Aus diesem Grund haben Toilettenmanieren und die Reinigung nach der Toilette einen großen Stellenwert in den Lehren des Propheten Muhammed (s.a.w.). Zu den Lehren des Propheten zählt, dass sich eine Person nach dem Toilettengang mit Wasser zu reinigen hat, auf seine Intimität achten muss, sich nicht in die Richtung der ***Qiblah*** (die Gebetsrichtung zur Kaaba in Mekka) zu wendet, zur Reinigung nicht

3 Tirmidhi, Deawat, 86.

seine rechte Hand benutzt und zum Schluss seine Hände gründlich wäscht. Darüber hinaus ist es verboten, seinen Toilettenbedarf auf Straßen und Wegen, unter Bäumen, Schattenplätzen, Parks und in der Nähe von Ufern zu decken.

Auch die Körperpflege trägt im Islam eine große Bedeutung. Der Gesandte Allahs *(s.a.w.)* befahl den Menschen, sich einmal in der Woche - am besten freitags – zu waschen, saubere Kleidung zu tragen, auf die Hygiene der Haare und des Bartes zu achten und die Nägel zu pflegen. Ein Muslim sollte kein Mensch sein, der sein Umfeld mit einem unangenehmen Körpergeruch stört und mit einem schäbigen, ungepflegten Aussehen auffällt.

Dass der Islam die Reinigung als eine Voraussetzung für die Verrichtung mancher Ibadah sieht, ist äußerst auffallend. Ein Muslim, der das rituelle Pflichtgebet (***Salah***) verrichten möchte, muss zunächst die rituelle Gebetswaschung, auch ***Wudhu*** genannt, vornehmen. In bestimmten Bedarfsfällen muss er die rituelle Ganzkörperwaschung, welche ***Ghusl*** genannt wird, durchführen. Falls er kein Wasser findet, muss er seine Waschung mit reinem Sand oder trockener Erde verrichten. Diese Art der Waschung nennt sich ***Tayammum*** (die rituelle Trockenreinigung) und zeigt, wie wichtig die Reinheit ist.

Ein Muslim sollte neben der materiellen Hygiene auch auf die spirituelle Reinigung achten. Beispielsweise reinigt er sich von seinen Sünden, indem er Reue zeigt und Allah um Vergebung bittet (***Tawba***). Ein Muslim, der seinen Fehler bereut, Allah um Vergebung bittet und diesen Fehler kein weiteres Mal begeht, wird von seiner Sünde befreit und gereinigt.

Den Kern der spirituellen Reinigung bildet der edle Charakter. Der Weg der spirituellen Reinigung führt im Islam über die Nutzung der Hände, Zunge, Augen, Ohren, kurz des ganzen Körpers auf dem Pfade des Gutes und durch die Fernhaltung von schlechten Charaktereigenschaften.

Wudhu (rituelle Gebetswaschung) und Ghusl (rituelle Ganzkörperwaschung)

„Das rituelle Gebet (Salah) ist der Schlüssel zum Paradies, der Schlüssel des Gebets ist die Waschung/Wudhu.“[4]
(Der Prophet Muhammed –s.a.w.)

Laut dem Islam muss jeder Mensch, der angesichts Allahs seine Ibadah verrichten möchte, zunächst eine materielle und spirituelle Reinigung vornehmen. Im Zentrum dieser Reinigung stehen die Wudhu und der Ghusl.

Wer sich auf die Ibadah vorbereitet, führt entweder die rituelle Gebetswaschung/*Wudhu* durch, wenn er keine gültige Waschung hat; oder er verrichtet die rituelle Ganzkörperwaschung/*Ghusl*, wenn er im Zustand der rituellen Unreinheit (*Dschanaba*) ist. Wer keine rituelle Gebetswaschung vornimmt, kann keine Salah verrichten.

Die *Faraidh* (Verpflichtungen, die bedingungslos erfüllt werden müssen) des Wudhu sind folgende: Die Waschung des Gesichts, der Hände und Unterarme,

4 Tirmidhi, Tahara, 1.

einschließlich der Ellbogen, und der Füße und das *Mash* (das feuchte Überstreichen) des Kopfes. Die *Sunnah* des Wudhu, das heißt die zusätzlichen Lehren des Propheten (s.a.w.) bezüglich des Wudhu sind folgende: Mit dem Namen Allahs zu beginnen, den Mund auszuwaschen, Wasser in die Nase einführen und zu reinigen, den vorderen, hinteren Teil des Kopfes oder den ganzen Kopf mit feuchten Händen ein Mal zu überstreifen (Mash), die Ohren ein Mal zu reinigen, alle anderen Waschungen jeweils drei Mal durchzuführen, dabei das Wasser auf die zu waschenden Körperstellen einzureiben, und die Fingerzwischenräume nicht trocken zu lassen.

Ghusl (rituelle Ganzkörperwaschung) bietet dem Menschen die Möglichkeit, sich mit reiner Seele und reinem Körper Allah zuzuwenden. Nach dem Ejakulat aus dem Geschlechtsorgan, Vollzug des Geschlechtsverkehrs – mit oder ohne Ejakulat/Samenerguss -, nach Pollution (Samenerguss/Ejakulat im Schlaf), egal ob bei Mann oder Frau, oder mit dem Ende der Menstruations- oder der Wochenbettblutung der Frau ist Ghusl unbedingt erforderlich.

Am Anfang der Ghusl wird die *Basmala* (die Eröffnungsformel) gesprochen und die Absicht (*Niyyah*) bekundet. Nachdem der Mund und die Nase gründlich mit Wasser ausgespült wurden, wird eine Waschung wie bei Wudhu durchgeführt. Am Ende wird der komplette Körper von Kopf bis Fuß mit Wasser gewaschen, bis keine trockene Stelle übrigbleibt.

Während der Wudhu und der Ghusl ist zum einen verboten, unnötig viel Wasser zu vergeuden, andererseits ist es auch verboten, zu eilig und nachlässig vorzugehen. In vielen Ahadithen verkündet der Prophet (s.a.w.), dass diejenigen, die ihre rituellen Waschungen mit Sorgfalt durchführen, von ihren Sünden befreit werden. Die Wudhu ist ein großer Segen, denn es verschafft dem Menschen Reinheit, Erleichterung und Frieden, trägt dazu bei, sich von Stress und Anspannung zu befreien und verhilft ihm zum Ṣawab, also der Belohnung durch Allah. Je nach Gegebenheit bereitet sich ein Muslim entweder mit dem Wudhu oder der Ghusl auf dem Salah / das rituelle Gebet vor.

Das rituelle Gebet (Salah)

„Und verrichtet das Gebet und gebt Almosen und verbeugt euch mit den sich Verbeugenden."[5]
(Der heilige Koran)

Das zweite Gebot des Islam nach der Kalimah al-Schahadah (Glaubensbekenntnis) ist das rituelle Gebet (*Salah*). Das Salah ist eine spezielle Ibadah (Anbetungsform), die mit dem ***Takbir***[6] beginnt, mit dem ***Salam***[7] endet und bestimmte Bewegungsabläufe und Rezitationen beinhaltet. Das Salah ist der Moment, in dem der Mensch mit tiefem Respekt, inniger Liebe und mit höchster Ehrfurcht vor Allah steht, ihn inbrünstig Bitten und tiefste Dankbarkeit zeigt.

Es ist sowohl eine religiöse als auch eine menschliche Pflicht, Allah für seine unzähligen Gaben zu danken. Die Dankbarkeit für jeden einzelnen Segen geschieht eigens auf die, dem Segen spezifische Weise. Mit anderen Worten

---

5 Baqara, 2/43.

6 Bezeichnung für den Ausruf„*Allahu Akbar*" mit der Bedeutung „Allah ist am größten".

7 Bezeichnung für den Blick / die Wendung des Kopfes / zur rechten und linken Schulterseite und dabei das Aufsagen des Grußformels „As-*Salamu Alaykum wa rahmatullah*".

kann die Danksagung für jede materielle und spirituelle Gabe und Möglichkeit, die wir besitzen, nur durch deren Widmung an Allah geschehen. Die wichtigsten Gaben, die Allah dem Menschen gab, sind sein Körper, sein Verstand, seine Sprachfähigkeit und seine Gesundheit. Das Salah ist der Ausdruck der Dankbarkeit für genau diese Gaben, da es mit dem Körper verrichtet wird.

Der heilige Koran berichtet, dass alle Propheten den Völkern, denen sie gesandt wurden, das Gebet vorschrieben. Selbstverständlich unterscheiden sich diese Gebete in Form und Eigenschaft. Das Gebet der Muslime wird fünf Mal täglich und in Richtung der Qiblah/Kaaba verrichtet, so wie der Prophet Muhammed (s.a.w.) es lehrte. Derjenige, der sich mit seinem Körper, seiner Seele und seinem Verstand dem Gebet zuwendet, spürt, wie ihn die spirituelle Kraft des Gebets umgibt. Mit dem ***Qiyam*** (die stehende Position) steht der Muslim in der Gegenwart Allahs, wenn er die ***Ruku‘*** (die Verbeugung) macht, verbeugt er sich nur vor Allah und mit dem ***Sudschud*** (die Niederwerfung) zeigt er Allah seine Ergebenheit.

Das Salah ist die stützende Säule des Islam, das Schutzsystem gegenüber Boshaftigkeiten, die Buße der Sünden und die erste und wichtigste Ibadah, für die der Mensch am Tag des Jüngsten Gerichts Rechenschaft ablegen muss. Der heilige Koran betont an vielen Stellen, dass die Verrichtung des Salah in Sorgfalt, Ergebenheit und Aufrichtigkeit eine charakteristische Eigenschaft der Muslime ist. Der Prophet (s.a.w.) schrieb den Muslimen ausdrücklich vor, für das Gemeinschaftsgebet zur Moschee zu gehen, denn der Moscheebesuch trägt zum Knüpfen von Beziehungen sowie dem Ausbau der Freundschaft, Geschwisterlichkeit und dem Zusammenhalt bei.

Die Pflicht des Muslims ist es, den Aufforderungen und Ratschlägen des Propheten zu folgen und dem rituellen Gebet die notwendige Aufmerksamkeit und Sensibilität zu erweisen. Durch das rituelle Gebet wird der Mensch fünf Mal am Tag seinem Alltagsstress entkommen, Allah gedenken und seine Ehrfurcht und Liebe gegenüber Allah zum Ausdruck bringen. Derjenige, der sich durch das rituelle Gebet seinem Schöpfer widmet, wird gereinigt, wird zur Ruhe kommen, seinen inneren Frieden finden und die Glückseligkeit im endlosen Jenseits erlangen.

Wer sich auf das rituelle Gebet vorbereitet, indem er je nach Bedarf die Wudhu oder Ghusl durchführt, wird von materiellem und spirituellem Schmutz gereinigt. Als weitere Vorbereitung muss ein Muslim auch auf seine Kleidung und sein Aussehen achten, denn er muss für die Salah saubere Kleidung tragen und seine ***Awrah‘*** (die Teile des Körpers, die nicht gezeigt werden dürfen) bedecken. Dann wendet er sich mit dem Körper zur Qiblah und mit der Seele zu Allah. Die Qiblah ist die Kaaba, und die Kaaba ist das „Haus Allahs“. Muslime aus der ganzen Welt fokussieren sich auf denselben Punkt, diesen heiligen und überwältigenden Ort.

Das fünfmalige Tagesgebet ist ein unumgänglicher ***Fardh für jeden Muslim, das heißt, es ist eine von Allah befohlene, unabdingbare Ibadah.*** Es wird zu verschiedenen Zeiten des Tages verrichtet. Diese Zeiten lauten: ***Fadschr*** (Morgendämmerung), ***Zuhr*** (Mittag), ***Asr*** (Nachmittag), ***Maghrib*** (Abend) und ***Ischa*** (Nacht). Jedes dieser fünf rituellen Gebete besteht aus einer verschiedenen Anzahl von Gebetseinheiten (***Rak´a***). Darüber hinaus gibt es rituelle Gebete, die als Sunnah gelten, da der Prophet (s.a.w.) diesen regelmäßig nachging und sie auch den Menschen empfahl, und freiwillige Gebete, die als *Nafila*-Gebete bezeichnet werden.

Wer beten möchte, macht mit der Absichtsbekundung/*Niyyah* bekannt, welches rituelle Gebet er verrichten möchte, hebt dann seine Hände und spricht den *Takbir aus*. Indem er am Anfang des rituellen Gebets die Worte „*Allahu Akbar*" (Allah ist am größten) ausruft, beginnt er sein Gebet mit dem Bewusstsein, dass Allah der Alleinige, Einzige und Erhabene ist und dass die Anbetung einer anderen Existenz unmöglich ist. Mit dem Takbir und dem Anfang des Gebets darf der Mensch nicht mehr sprechen.

Nach dem Takbir bleibt der Betende eine Weile im *Qiyam* (das aufrecht Stehen) mit übereinander gelegten Händen stehen, rezitiert zunächst das Bittgebet namens *Subhanaka* und anschließend die Sura *al-Fatiha*, die die Bedeutung des Anflehen und der Ergebenheit Allah gegenüber beinhaltet. Nach der *al-Fatiha* rezitiert der Betende dann eine Sura oder ein paar Verse aus dem heiligen Koran, die er auswendig kann.

Nach Qiyam ruft der Betende den Takbir aus, geht in die Verbeugung/Ruku´(beugt seinen Oberkörper vor, und legt dabei seine Handinnenflächen auf die Knie). Ruku´ beschreibt den bedürftigen Zustand des Menschen, der, überwältigt von Allahs Erhabenheit und Allmacht, seinen Rücken beugt (ihn nicht mehr gerade halten kann). In dieser Verbeugung sagt der Betende mindestens dreimal die Lobpreisung auf: „*Subhana Rabbiya'l-Adhim*" (Lobpreis sei meinem Herrn, dem Allmächtigen).

Während der Betende von der Ruku´ wieder in die aufrechte Position *über*geht, spricht er die Lobpreisung aus: „*Sami'Allahu li-men hamidahu*" (Allah erhört den, der ihm dankt und ihn verehrt), um dann mit der Lobpreisung: „***Rabbana wa laka'l-hamd***“ (Oh Allah, unser Herr, dir gebührt die Lobpreisung), Allah seinen Dank auszusprechen. Anschließend ruft er wieder den Takbir aus und begibt sich in den ***Sudschud*** in dem er sich niederwirft, sodass seine Hände, sein Gesicht (die Stirn und die Nasenspitze), seine Knie und Füße den Boden ber***ühren. In jedem*** Rak´a (Gebetseinheit/Gebetsablauf) wird der Sudschud zwei Mal durchgeführt und bei jeder Niederwerfung spricht der Betende die Lobpreisung aus: „***Subhana Rabbiya'l-A'la***“ (Lobpreis sei meinem Herrn, dem Höchsten). Zwischen den zwei Sudschud sollte der Betende unbedingt einen Augenblick im Sitzen verbringen.

Die mit dieser Reihenfolge verrichteten Bewegungsabläufe bilden einen Teil des Salah, welcher ***Rak´a*** genannt wird. Nachdem der Betende alle Sudschud (Niederwerfungen) verrichtet hat, sagt er die Bittgebete „***At-Tahiyyat***“, „***Salli***“, „***Barik***“ und „***Rabbana***“ in der letzten sitzenden Position auf, die ***Qadah al-Akhirah*** heißt. Zum Schluss dreht der Betende seinen Kopf zu seiner rechten Schulter und spricht die Grußformel „***As-Salamu Alaykum wa Rahmatullah***“ (der Friede sei mit euch). Dann wendet er den Kopf auf gleicherweise zu seiner linken Schulter und wiederholt die Grußformel. Somit wird das Salah beendet.

Der Gruß (*Salam*) des Betenden am Ende des rituellen Gebets symbolisiert - mit seinem Wusch des Friedens und des Wohlergehens für alle Engel und alle Menschen, die sich zu seiner rechten und linken Seite befinden, und so auch für das gesamte Universum - die Wiederankunft des Menschen auf die Erde, der sich mit Beginn des rituellen Gebets von dieser Welt gelöst hatte.

Das Auslassen, Vernachlässigung oder Verspätung des Gebets aufgrund von Faulheit, Nachlässigkeit oder Trägheit ist für einen Muslim äu*ßerst unziemlich. Denn das Salah* ist ein grundlegender Befehl des Islam und der offensichtlichste Beweis der Ergebenheit.

Das Fasten (Sawm)

„Oh ihr, die ihr glaubt, vorgeschrieben ist euch das Fasten, wie es den Früheren vorgeschrieben war; vielleicht werdet ihr gottesfürchtig."[8]

(Der heilige Koran)

Das Fasten (*Sawm*) bedeutet, mit der Absicht Allahs Wohlgefallen zu erreichen, von der Morgendämmerung bis zum Sonnenuntergang die Nahrungs- und Flüssigkeitszufuhr sowie den Geschlechtsverkehr zu unterlassen. Das Fasten zählt wie das rituelle Gebet, die Sozialsteuer und die Pilgerfahrt zu den grundlegenden Ibadah, die von Allah den Menschen durch alle Propheten vorgeschrieben wurden.

Laut Islam muss jeder, der den Monat *Ramadan* erreicht, geschlechtsreif /die Pubertät erreicht hat (*baliqh*) und im vollen Besitz seiner geistigen Kräfte (*aqil*) ist, fasten. Kranke oder reisende Menschen, sowie schwangere und stillende Frauen können ihre Fasten-Pflicht auf eine spätere Zeit verschieben, das heißt, sie können diese Tage nachfasten. Menschen, die - egal in welchem Alter, unheilbar krank sind, sehr alte Menschen, die

8 Baqara, 2/183.

pflegebedürftig sind, denen es unmöglich ist zu fasten, müssen eine ***Fidya*** zahlen, da sie ihr Fasten nicht mehr nachfasten können. Die Fidya bezeichnet die Ersatzleistung für begründet ausgelassenes Fasten im Ramadan. Der Betrag dieser Leistung wird nach den täglichen Nahrungskosten eines Menschen berechnet. Wessen finanzielle Lage nicht zur Zahlung der Fidya ausreichend ist, sollte Allah um Vergebung bitten. Schließlich ist Allah der Gerechte und die Fidya dient lediglich dem sozialen Zusammenhalt und definiert nicht den Preis des unschätzbar wertvollen Fastens.

Um die Ibadah des Fastens auf bester Weise nachzugehen, sollte der Mensch nicht nur mit seinem Magen, sondern mit seinem ganzen Körper fasten. Dies bedeutet, seine Augen sollten das Gute sehen, doch dem Schlechten gegenüber blind sein, seine Ohren sollten das Gute erhören, doch den Sünden gegenüber taub sein, seine Zunge sollte entweder Gutes reden oder verstummen und sein Herz sollte sich Gutes vornehmen und dem Schlechten fern sein. Solange der Mensch sich nicht von Lügen, Lästereien und Schwindeleien fernhält, so ist Allah nicht auf sein Hungern angewiesen (sein Fasten ist kein Fasten für Allah, sondern lediglich ein Hungern).

Das Fasten befreit den Menschen von den Begierden und Trieben seines *Nafs* (Ego oder auch Triebseele) und erzieht ihn. Es lehrt Geduld, Dankbarkeit, Gottvertrauen (Tawakkul) sowie Wertschätzung der Gaben und der eigenen Gesundheit. Es verleiht dem Körper des Menschen Gesundheit, seinem Verstand Schärfe und seiner Seele Frieden.

Die Sozialsteuer (Zakah) und die Spende (Sadaqah)

„Siehe, wer da glaubt und das Rechte tut und das Gebet verrichtet und die Sozialsteuer zahlt, deren Lohn ist bei ihrem Herrn, und keine Furcht soll über sie kommen und sie sollen nicht traurig sein."[9]
(Der heilige Koran)

Es zählt zu den charakteristischen Eigenschaften der moralischen Einstellung eines jeden Muslims, dass er Menschen hilft, die Bedürftigen unterstützt und die Schwachen der Gesellschaft stärkt. Dass diese Wohltätigkeiten im Islam in eine institutionelle Struktur übergehen, erfolgt mit dem Zakah-System.

Die Zakah ist eine der fünf Säulen des Islam. Jeder Muslim, der laut Islam als reich eingestuft wird, muss einen bestimmten Anteil seines Besitzes für das Wohlgefallen Allahs an die im heiligen Koran festgelegten bedürftigen Menschengruppen spenden. Der Anteil der Zakah von Besitztümern wie Gold, Silber, Handelsgütern,

9 Baqara, 2/277.

Bodenerzeugnissen und Vieh wurde durch den heiligen Koran und der Sunnah festgelegt.

Die Abgabe der Zakah ist keine Verringerung des Besitzes, im Gegenteil soll mit dieser Pflichtabgabe der Besitz „gereinigt" werden, sodass es segensvoll und reichhaltiger wird und im jenseitigen Leben als Belohnung an den Spender zurückkehrt. In vielen Koran-Versen, in denen die Eigenschaften der Muslime beschrieben werden, wird das Verrichten des rituellen Gebets mit der Abgabe der Zakah zusammen erwähnt. Diese Verse beschreiben ein Menschenmodell, nachdem der Mensch sowohl mit seinem Körper als auch mit seinem Besitz Ibadah verrichten und sich mit seiner ganzen Existenz Allah widmen soll.

Laut dem Islam können neben den Zakah-Pflichtigen alle, egal ob reich oder arm, ***Sadaqah/ Almosen*** spenden und somit das Bedürfnis eines anderen decken und diesen glücklich machen. Es gibt weder eine bestimmte Grenze noch einen festgelegten Ort oder eine festgelegte Zeit für die Sadaqah. Alle guten Taten, egal ob materiell oder nicht, zählen als Sadaqah.

Eine Sadaqah kann beispielsweise die Verpflegung eines hungernden Menschen sein. Ebenso ist aber auch der Besuch eines kranken Menschen eine Sadaqah. Ein Vater, der für den Unterhalt seiner Familie sorgt und auch eine Mutter, die für ihre Familie kocht, verrichten Sadaqah. Ein schönes Wort, ein aufrichtiger Ratschlag, ein freundliches Gesicht, die Aufforderung zum Guten und das Abraten vom Schlechten, das Verpflegen von Reisenden und Besuchern, die Last eines Älteren zu tragen, der Schutz von Tieren, das Lehren vom Wissen und andere unzählige gute Taten sind im Begriff Sadaqah mit enthalten.

Allah schenkt allen Menschen ungeachtet ihres Glaubens Besitztümer. Doch ein großer Besitz bedeutet noch lange nicht, dass derjenige eine wertvolle Person ist. Der Wert einer solchen Person misst sich mit seiner Dankbarkeit und Wertschätzung für sein Eigentum. Seine Dankbarkeit kann der Mensch erst dann zu Worte bringen, wenn er sich darüber bewusst ist, dass Allah der wahrhaftige Besitzer aller Besitztümer ist und dass auch die Bedürftigen das Recht haben, von einem Teil dieses Besitzes zu profitieren.

Der Islam sieht es nicht als schlecht an, Eigentum zu besitzen oder Ersparnisse zu machen. Ein wohlhabender Muslim nutzt seine finanziellen Möglichkeiten, um Gutes zu tun und trägt damit zu seinem eigenen Wohl und zum Wohl der Gesellschaft bei. Dagegen beschreibt der Islam Besitztümer, die gierig und geizig angesammelt werden, anstatt für Wohltaten ausgegeben zu werden, als schlechte Besitztümer.

Ein weiteres wichtiges Thema hinsichtlich der Zakah und Sadaqah sind, dass diese Abgaben in Bescheidenheit und unter Geheimhaltung stattfinden sollten. Verhaltensweisen, wie die Würde des Bedürftigen zu verletzen, Vorhaltungen zu machen oder die Zurschaustellung der Spende ist unakzeptabel.

Der Mensch wird durch die Gabe von Besitztümern auf die Probe gestellt. Um diese Probe zu bestehen, muss er seine Liebe zum Materiellen unter Kontrolle halten und sich um das Wohl anderer Menschen kümmern. Durch die Zakah und Sadaqa befreit der Mensch sich von der Gefangenschaft des Geizes, des Materiellen und des Profitstrebens. Mit dem friedvollen Gefühl, das ihn nach dem Teilen füllt, wird er sich an die Großzügigkeit gewöhnen. Letztendlich wird er sich vom „Ich“ lösen und das „Wir“ wertschätzen.

Mit all ihren Schönheiten und all ihrem Reichtum, ist diese Welt vergänglich. Der Iman (Glaube) und die ***Salih Amal*** (Gesamtheit aller heilbringenden und guten Taten) sind das einzige Verbleibende. In Wahrheit ist nichts im Besitz des Menschen, alles wurde ihm lediglich nur anvertraut. Die wahren Reichen sind die, die mit Herzensgüte ihre Zakah abgeben und somit Leben verändern und die, die durch die Sadaqah Schulen, Moscheen oder Brunnen bauen und ihr Wissen an Mitmenschen weitergeben, um diese zu lehren.

Die Pilgerfahrt (Haddsch)

„Und der Menschen Pflicht gegenüber Allah ist die Pilgerfahrt zum Hause, wer da den Weg zu ihm machen kann.“[10]

(Der heilige Koran)

Laut Islam ist die Kaaba in Mekka das erste Gebetshaus der Menschen.

Für die Pilgerfahrt (***Haddsch***) muss der Muslim in den Weihezustand (***Ihram***) eintreten, am neunten Tag des Monats Dhu'l-Hiddscha auf der Ebene des ***Arafat*** stehen und anschließend den ***Tawaf*** (das Umrunden der Kaaba) vollziehen. Der Haddsch findet einmal im Jahr an bestimmten Tagen und im heiligen Gebiet von Mekka (im ***Haram-Gebiet***) statt.

Die heilige Reise nach Mekka bietet dem Muslim die Möglichkeit, die Kaaba aus der Nähe zu sehen und zu spüren, zu der er sich in jedem seiner Gebete wendet. Selbstverständlich ist das Erreichen der Kaaba nicht das eigentliche Ziel des Haddsch. Das Ziel ist es, das Wohlgefallen Allahs, dem Besitzer der Kaaba, zu erreichen, sowie ihm Ergebenheit und Dankbarkeit zu erweisen.

10 Al Imran, 3/97.

Der Haddsch ist eine Ibadah, die sowohl mit dem Körper als auch mit dem Eigentum verrichtet wird, weshalb er einen besonderen Stellenwert hat. Er stärkt die spirituelle Kraft der Muslime, verleiht ihnen das Bewusstsein des Zusammenhalts und der Gemeinschaft, steigert die Würde und Verantwortungsbewusstsein des Muslims und lehrt die Zusammenarbeit als Glaubensgemeinschaft (***Ummah***). Dank der heiligen Atmosphäre während des Haddsch, haben die Muslime die Möglichkeit zum Austausch von Zuneigung, Wissen, Manieren, Erfahrungen und Kultur. Denn während des Haddsch treffen tausende von Menschen verschiedener Herkunft, Sprache, Hautfarbe und Traditionen aufeinander, doch der Glauben verbindet sie. In diesem Rahmen findet zur heiligsten Zeit und am heiligsten Ort ein segensvolles Treffen statt. Folglich bringt der Haddsch nicht nur auf individueller Ebene, sondern auch auf gesellschaftlicher Ebene große Vorteile.

Der Haddsch ist eine Ibadah, die über sehr viele Symbole verrichtet wird. Jede Bewegung und jede Haltung besitzen eine symbolische Bedeutung. Viele Geschehnisse des Lebens vom Propheten Abraham ^(a.s.)^ und seiner Familie, sowie die Ereignisse, die seinem Sohn Ismael ^(a.s.)^ und seiner Frau Hadschar widerfuhren, werden während des Haddsch symbolisch durchlebt. Handlungen wie das Umkreisen der Kaaba (***Tawaf***), das Laufen zwischen den Hügeln Safa und Marwa (***Sa'y***), der ***Ihram*** (Weihezustand), die ***Talbiyah*** (Bereitschaftsbekundung) das Rasieren des Kopfes, das Stehen im ***Arafat*** (***Waqfah***), die symbolische Steinigung des Teufels und die Schlachtung der Opfertiere sind Bestandteile des Haddsch und Abrahams^(a.s.)^ Erbe an den Propheten Muhammed ^(s.a.w.)^.

Der Prophet (s.a.w.) verkündete, dass derjenige, der die Triebe und Begierden seines Nafs verlässt, sich von Sünden fernhält und so den Haddsch verrichtet, so rein und sündenfrei sein wird wie bei seiner Geburt: „*Die Belohnung des Haddsch, welcher von Allah akzeptiert wurde, ist zweifellos das Paradies.*"[11]

11 Bukhari, Muhsar, 10; Umra, 1.

Die Opferung / Qurban

„Weder ihr Fleisch noch ihr Blut erreicht Allah, jedoch erreicht ihn eure Frömmigkeit."[12]

(Der heilige Koran)

Die Opferung/Qurban bezeichnet die Schächtung/islamische Schlachtung eines Tieres, das bestimmte Eigenschaften haben muss, zu einer bestimmten Zeit und mit der Absicht der Anbetung Allahs geopfert wird. Das Ziel der Opferung ist, so wie bei allen Ibadah, die Nähe und das Wohlgefallen Allahs zu erlangen. Mit der Opferung geben die frommen Diener Allahs, die sich ihrer Verantwortungen ihm gegenüber bewusst sind, ihren Respekt und ihre Ergebenheit gegenüber Allah bekannt.

Die Opferung ist eine Ibadah, die schon seit dem Propheten Adam [(a.s.)] jedem Volk befohlen wurde. Selbst Muslime, die zur heutigen Zeit dieser Ibadah nachgehen, gedenken bei ihrer Opferung Kain (***Qabil***) und Abel (***Habil***), den Söhnen Adams [(a.s.)], deren Aufrichtigkeit mit ihrer Opferdarbietung an Allah auf die Probe gestellt wurde. Diese Prüfung bestand Abel, der Allahs Befehlen

12 Haddsch, 22/37.

folgte und genügsam handelte, während Kain verlor, da er sich von seiner Eifersucht und seinem Geiz leiten ließ.

Gleichzeitig erinnert die Opferung an den Propheten Abraham (a.s.) und seinen Sohn Ismael (a.s.), deren Ergebenheit auf die Probe gestellt wurde. Abraham (a.s.), der Allah versprach, ihm seinen einzigen Sohn Ismael zu opfern, wurde für seine innige Ergebenheit mit einem Widder belohnt.

Auch der Prophet des Islam, Muhammed Mustafa (s.a.w.), opferte jedes Jahr ein Tier, aß mit seiner Familie von dessen Fleisch, bot seinen Freunden davon an und verteilte einen Teil des Fleisches an Bedürftige.

Zwar wird heute unter der Opferung/Qurban generell die Opferung von Tieren an den Tagen des Opferfestes verstanden, jedoch können auch an anderen Tagen des Jahres Opferungen aus verschiedenen Anlässen stattfinden. Hierzu gehören beispielsweise das Opfer für die Einlösung eines Gelöbnisses (*Nazir/Adak*), das Dankopfer, das Sühneopfer und das Opfer für Neugeborene (*Aqiqah*). Je nach der Art des Opfers gibt es verschiedene religiöse Regelungen bezüglich der Nutzung und Verteilung des Fleisches.

Folgende Worte des Propheten (s.a.w.) fassen die Bedeutung der Opferung zusammen: *„Ich wende mein Gesicht als ein Hanif (ergeben Allah zugewandt) Allah zu, dem Schöpfer der Himmel und der Erde, und ich bin keiner von den Muschrikun (Polytheisten). Zweifelslos gilt mein Gebet, meine Opferung, mein Leben und mein Tod nur Allah, dem Herrscher der Welten. Er hat keinen Partner. Dies wurde mir befohlen und ich bin der erste der Muslime. Oh Allah, dieses Opfertier ist von dir und wird von*

Muhammed und seiner Ummah deinem Wohlgefallen willen geopfert."[13]

Wer ein Opfer darbringt, folgt dem Befehl seines Schöpfers und opfert, was er von Allah bekam, um sein Wohlgefallen zu gewinnen und mit dieser Ibadah gereinigt zu werden. Diese Ibadah wird demjenigen, der sie verrichtet, Schutz vor materieller Begierde und Geiz bieten und gleichzeitig erlebt er so das Vergnügen, auf dem Pfade Allah wohltätig und freigebig (***Infaq***) zu sein. Dieser Mensch wird die Freude der Bedürftigen, Benachteiligten und der Waisen sein. Auf diese Weise trägt die Opferung zur Stärkung der Geschwisterlichkeit, der gegenseitigen Hilfeleistung und zum Zusammenhalt in der muslimischen Gemeinschaft sowie der Verwirklichung der sozialen Gerechtigkeit bei.

13 Abu Dawud, Dahaya, 3-4.

Das Dua (Das Bittgebet)

„Und wenn dich meine Diener nach mir fragen, siehe, so bin ich nahe; ich will antworten dem Ruf des Rufenden, so er mich ruft; doch sollen sie auch auf mich hören und sollen an mich glauben; vielleicht wandeln sie recht."[14]

(Der heilige Koran)

Der Begriff „*Dua*" beschreibt die innige Zuflucht bei Allah, die Bekenntnis der eigenen Schwäche gegenüber Allahs Erhabenheit und die Bitte um Allahs Gnade, Hilfe und Vergebung, indem ihm intensive Liebe und großen Respekt erwiesen wird.

Das Dua beinhaltet verschiedene Gefühle und Absichten wie Dank und Lobpreisung, den Ausdruck, dass niemand Allah gleich oder ähnlich ist, die Anrufung Allahs um Schutz vor Übel und Vergebung und die Bitte um Gaben, denen der Mensch bedarf.

Das Dua ist eine umfassende Ibadah, die nicht mit festgelegten Formen oder Bedingungen begrenzt wird, keine zeitliche oder örtliche Bestimmung hat und sich auf das ganze Leben ausbreitet. Gewiss gibt es Momente, wie als heilig geehrte Nächte, die Zeit direkt nach dem rituellen Gebet/Salah, den Zeitraum des Freitagsgebets, den Tag

14 Baqara, 2/186.

vor dem Opferfest, an denen die Chance der Erhörung des Dua/Bittgebets als höher gilt. Ebenso gibt es Orte, wie die Städte Mekka und Medina, die Kaaba und die Ebene des Arafat, die als Orte des Dua gelten. Jedoch ist es eine nicht zu leugnende Gewissheit, dass der Mensch zu jeder Zeit und an jedem Ort zu Allah beten kann.

Das Dua bietet einen Weg der Kommunikation zwischen Allah und seinem Diener. Der Mensch wird im Leben mit unzähligen Hürden und Schwierigkeiten konfrontiert und durchlebt viele Gefühlsphasen und Zustände wie Wut, Trauer, Not, Angst, Hilflosigkeit, Einsamkeit, Verzweiflung, Krankheit, Armut und Hoffnungslosigkeit. Besonders in solch schweren Zeiten hat der Mensch das Bedürfnis, zu Allah zu beten. Die Hoffnung, dass Allah, der Allmächtige, seinen Dienern zur Hilfe eilt, bietet dem Menschen Erleichterung und gibt ihm Kraft. Doch ist auch zu beachten, dass Allah nicht nur in bedrückenden Momenten angebetet werden möchte. Allah erwartet von seinen Dienern, dass sie sowohl in Zeiten der Knappheit und Verzweiflung als auch in Zeiten des Wohlergehens ihrem Schöpfer gedenken. Zudem werden im heiligen Koran diejenigen als untreu und undankbar beschrieben und scharf kritisiert, die in problematischen Zeiten Allah anflehen und Zuflucht bei ihm suchen, doch Allah vergessen, sobald sie diese Zeiten überwunden haben.

Ein Muslim bereichert sein Leben mithilfe des Sinns und Werts des Dua. Er vernachlässigt das Dua nie, denn er ist sich dessen bewusst, dass Allah ihn zu jeder Zeit sieht und erhört. Er handelt nicht voreilig und verliert nie die Hoffnung hinsichtlich der Erhörung seiner Gebete. Außerdem betet er nicht nur für sich selbst, sondern auch für seine muslimischen Geschwister und Mitmenschen. Ein Muslim bemüht sich, Allah innig anzuflehen und ihn um das Beste zu bitten.

3. DIE GRUNDSÄTZE DES EDLEN CHARAKTERS

Der Islam ist die Religion des edlen Charakters

„Der, mit dem vollkommensten Glauben/Iman unter den Muslimen ist der, dessen Charakter am edelsten ist."[1]
(Der Prophet Muhammed –s.a.w.)

Der Charakter (*Ahlaq*) ist nicht nur das unverzichtbare Fundament zwischenmenschlicher Beziehungen, sondern auch das Fundament der Beziehung des Menschen zu Allah, anderen Lebewesen und seinem Umfeld. Eine der unmissverständlichen Eigenschaften des Islam ist die Wertschätzung moralischer Prinzipien. Das Hauptziel des Islam ist die Erschaffung einer Gesellschaft, die aus gläubigen und moralisch handelnden Menschen besteht, und der Aufbau einer friedvollen Welt.

Der Prophet Muhammed (s.a.w.), der noch vor seiner Berufung zum Propheten für seinen edlen Charakter bekannt war und in Mekka ***„Muhammadu'l-Emin"*** (der vertrauenswürdige Muhammed) genannt wurde, sagte: ***„Ich wurde gesandt, um den edlen Charakter zu vervollkommnen."***[2] Dass er den Menschen zusammen mit den

1 Abu Dawud, Sunna, 15.
2 Ibn Hanbal, II, 381.

Glaubensprinzipien die Prinzipien des edlen Charakters vermittelte, zeigt wie bedeutend die enge Beziehung zwischen dem Glauben und der Moral im Islam ist.

Der Islam erfordert, dass die gute Moral in allen Bereichen des Lebens und zu jeder Zeit ausgelebt wird, denn die Nähe und das Wohlgefallen Allahs kann nur durch gute Beziehungen zu Mitmenschen und mit einem edlen Charakter erlangt werden. Dies wird in vielen Ahadithen des Propheten (s.a.w.) betont. Beispielsweise verkündete der Prophet (s.a.w.), dass Allah nur denen mit Barmherzigkeit entgegenkommen wird, die barmherzig zu anderen Menschen sind; dass Allah nur denen Vergebung und Schutz bietet, die anderen vergeben und ihre Geheimnisse und Fehler für sich behalten; dass Allah denen Reichtum schenken wird, die spendabel zu anderen sind und dass Allah niemanden allein und ohne Hilfe lässt, der anderen Menschen hilft. Doch wer anderen Menschen Leid zufügt, sie ihre Rechte beraubt, ihre Fehler bekannt macht und geizig gegenüber Besuchern, Reisenden oder Verwandten ist, wird von Allah dementsprechend bestraft. Letztendlich formt der edle Charakter laut Islam nicht nur individuelle Beziehungen, er beeinflusst auch die Beziehung zwischen Allah und seinem Diener.

Der Charakter eines Muslims sollte von Tugenden wie Gerechtigkeit, Barmherzigkeit, Liebe und Respekt gegenüber der Geschöpfe Allahs, Barmherzigkeit, Großzügigkeit, Vertrauenswürdigkeit, Aufrichtigkeit, Fleiß, Gastfreundschaft, Solidarität und Hilfsbereitschaft geformt sein. Nach islamischem Verständnis ist der Glaube/Iman, der edle Charakter und die aufrichtig verrichtete Ibadah (Anbetungsformen) der Weg zur Glückseligkeit auf der Welt und im Jenseits.

Der Islam ist die Religion der Gerechtigkeit

„Siehe Allah gebietet Gerechtigkeit zu üben, Gutes zu tun und die Verwandten zu beschenken und verbietet das Schändliche und Schlechte und Gewalttat. Er ermahnt euch, auf dass ihr es zu Herzen nehmt.“[3]

(Der heilige Koran)

Gerechtigkeit bedeutet, dass derjenige, der etwas Gutes verrichtet, seine verdiente Belohnung bekommt, und auch derjenige, der etwas Schlechtes verrichtet, seine verdiente Bestrafung bekommt. Auch die Zuteilung von Pflichten an Qualifizierte, einem Arbeiter den ihm zustehenden Lohn zu vergeben sowie der Schutz der Gleichberechtigung und des Gleichgewichts zwischen den Menschen gehören zur Gerechtigkeit. Mithilfe der Gerechtigkeit wird sowohl die Würde und Ehre des Menschen als auch die gesellschaftliche Ordnung und Wohlstand gewährleistet.

Einer der Namen Allahs ist *„al-Adl“*; mit der Bedeutung: „Der Besitzer unendlicher und unfehlbarer

3 Nahl, 16/90.

Gerechtigkeit.“ Allah ist derjenige, der das Universum nach Maß erschuf, jede kleinste schlechte und jede kleinste gute Tat gerecht erwidern wird und über seine Geschöpfe stets mit Gerechtigkeit waltet. Auch wenn es so scheint, als wären auf dieser Welt manche Gaben und auch manche Schwierigkeiten nicht gerecht verteilt worden, sollte die Welt zusammen mit dem Jenseits als ein endloser Verlauf betrachtet werden. Denn Allah stellt jeden Menschen auf unterschiedliche Art und Weise auf die Probe und wird im Jenseits jedem seinen gebührenden Verdienst geben, sodass die wahrhaftige Gerechtigkeit gewährleistet wird.

Allah befiehlt den Menschen in der Verwaltung, der Justiz und in allen zwischenmenschlichen Beziehungen nach den Maßstäben der Gerechtigkeit zu handeln. Er verbietet die Tyrannei, die das Gegenteil der Gerechtigkeit ist. Laut Islam sind alle Menschen, ungeachtet ihrer Herkunft, Nationalität, ihrem sozialen Rang, ihrer Hautfarbe, Sprache, Religion oder ihres Geschlechts, vor dem Gericht Allahs gleich. Für Allah ist der vorzüglichste unter den Menschen derjenige, der seiner Verpflichtungen gegenüber Allah am bewusstesten ist. Dieses Bewusstsein wird im Islam „Taqwa“ (Tugendhaftigkeit) genannt.

Der Islam akzeptiert das Leben, den Besitz, die Nachkommenschaft, den Glauben sowie den Verstand eines jeden Menschen als unantastbar. Dieses Verständnis wird so sehr gewichtet, dass Allah den Muslimen befiehlt, selbst gegenüber ihrer Feinde mit Gerechtigkeit zu handeln: „*Oh ihr, die ihr glaubt, steht fest in Gerechtigkeit, wenn ihr vor Allah Zeugen seid, und nicht verführe euch Hass gegen Leute zur Ungerechtigkeit. Seid gerecht, das ist näher der Gottesfurcht. Und fürchtet Allah, siehe, Allah kennt das Innere der Herzen.*“[4]

---

4 Ma'ide, 5/8.

Die Gerechtigkeit ist der grundlegendste ethische Wert, der die Gesellschaft standhaft hält und den Menschen Vertrauen verleiht. Bei Vernachlässigung der Gerechtigkeit wird Tyrannei, Ungerechtigkeit, Misstrauen, Unordnung und Aufruhr die Gesellschaft beschatten. Aus diesem Grund ist es für jeden Muslim äußerst wichtig, dass er jedem die ihm zustehenden Rechte gewährt und die Rechte seiner Mitmenschen schützt. Der Islam befiehlt insbesondere Eltern, gerecht zwischen ihren Kindern zu handeln; Verwaltern, nicht von der Gerechtigkeit abzuweichen und Richtern, mit Gerechtigkeit zu urteilen. Zudem befiehlt er beispielsweise, die Gerechtigkeit zwischen Mann und Frau in der Gesellschaft zu gewährleisten und die gerechte Organisation des Arbeitsumfelds durch den Arbeitgeber.

Der Islam ist die Religion des Friedens und Wohlbefindens

„Oh ihr die ihr glaubt, tretet ein in das Heil."[5]
(Der heilige Koran)

Der Wortstamm des Wortes „Islam" ist das Wort „***Salam***", das die Bedeutungen wie „Wohlergehen", „Friede" und „Erlösung" hat. „***As-Salam***" ist gleichzeitig einer der Namen Allahs und bedeutet „der Besitzer des Wohlergehens und des Friedens, der Erlöser und Retter". Ein „***Muslim***" hingegen ist derjenige, „der sich für den Frieden und das Wohlergehen entschieden hat". Wiederum bedeutet das Wort „***Iman***" (Glaube), „sich in Sicherheit und Geborgenheit fühlen, von seinen Ängsten befreit sein." Demnach stehen Chaos, Unruhen und Terror weder mit dem Wesen des Islam noch mit dem Zweck seiner Sendung und erst recht nicht mit den Prinzipien seiner Gegenwart in irgendeinem Zusammenhang.

Der Islam bezweckt die Gewährleistung von Frieden, Wohlergehen, gegenseitigem Respekt und Vertrauen auf der Welt. Er möchte, dass der Mensch, der mit dem

5 Baqara, 2/208.

Verstand ausgestattet wurde, jegliche Streitigkeit und Uneinigkeit beendet und einen Kompromiss erreicht.

Ein Muslim bezieht seine mit edlem Charakter ausgeschmückte Persönlichkeit, die versöhnlich und mit der gut auszukommen ist, von seinem Schöpfer, der ihm das Leben schenkt. Indem der Mensch sich Allah ergibt, unterwirft er sich der Quelle des Friedens und des Wohlergehens. Dadurch findet er nicht nur seinen inneren Frieden, sondern verbreitet diesen Frieden auch in seiner Außenwelt. Indem er sich der Führung des rechtleitenden Korans und des Propheten Muhammed (s.a.w.) hingibt, erreicht er das Paradies, die Heimat des Friedens.

Die Menschheitsgeschichte wurde Zeuge vieler Kriege, Gräueltaten und Tyrannei. Die Würde vieler Menschen wurde aufgrund ihres Glaubens, ihrer Hautfarbe, ihrer Herkunft oder den Reichtümern ihrer Ländereien missachtet und es wurden viele dieser Menschen ihrer Ehre und ihrer grundlegendsten Rechte beraubt. Hingegen warnte Allah die Menschheit zu jeder Zeit und sandte ihnen Propheten und Bücher, um ihnen ein menschenwürdiges Leben zu bieten. Allah krönte die Sendung seiner Propheten mit der Sendung des Propheten Muhammed Mustafa (s.a.w.), dem Letzten aller Propheten.

Der Prophet Muhammed (s.a.w.) rief die Menschen sein Leben lang zum Rechten und zur Wahrheit auf und stellte sich auf die Seite des Friedens und der Versöhnung. Solange die Würde des Islams, die Werte der Menschen und die Rechte der Muslime nicht angegriffen wurden, schlug er nicht den Weg des Krieges ein. Dies wird im heiligen Koran mit den folgenden Worten beschrieben: ***„Allah verbietet euch nicht, gegen die gütig und gerecht zu sein, die euch nicht wegen eures Glaubens bekämpft oder***

euch aus euren Häusern vertrieben haben. Allah liebt fürwahr die gerecht handeln."[6]

In vielen seiner Ahadithe betonte der Prophet (s.a.w.), dass es die Pflicht eines Muslims ist, Streitigkeiten zwischen Glaubensbrüdern zu schlichten, dass Konflikte auf diplomatische und friedvolle Weise gelöst werden müssen und dass das Einhalten von Versprechen sehr wichtig ist. So handelte der Prophet auch selbst, als er nach Jahren mit Triumph in die Stadt Mekka zurückkehrte, die er zuvor gezwungenermaßen verlassen musste. Am Tag der Eroberung Mekkas floss kein Blut, es wurde keine Rache verübt und dem Volk von Mekka wurde vergeben.

Der Islam setzt für ein Leben in Frieden und für das gemeinschaftliche Verrichten der Wohltaten nicht voraus, dass alle Menschen die gleichen Glaubensüberzeugungen haben müssen. Vielmehr betont er, wie wichtig es ist, zum Frieden beizutragen und die Rechte, Freiheiten, Überzeugungen und Werte aller Menschen zu respektieren. Aus diesem Grund wurde die Geschichte der Menschheit Zeuge vieler einzigartiger Beispiele, in denen Menschen verschiedener Herkunft und verschiedener Glaubensüberzeugungen unter der Obhut der islamischen Kultur in Friede und Gemeinschaft lebten.

An diesem Punkt sollte auch eines der Schlüsselbegriffe des Islam „der ***Dschihad***" aufgegriffen werden. Der Begriff ***Dschihad*** drückt im Islam die Bemühungen auf dem Pfade Allahs und das Bekämpfen des Unrechts, um Gerechtigkeit aufrechtzuerhalten, aus.

Der Dschihad beschreibt das Streben nach Allahs Wohlgefallen, indem der Muslim sein Leben, seinen

6 Mumtehine, 60/8.

Besitz und seine gesamte Existenz auf diesem Weg einsetzt.

Der Dschihad ist der Ausdruck der Entschlossenheit, die heiligen Werte mit dem Körper, mit Worten, dem Gedankengut und der Seele zu bewahren. Er symbolisiert die Zielstrebigkeit des Muslims, ein ehrbarer, charakterstarker und freier Mensch zu sein und seinen Glauben, sein Land, seine Unabhängigkeit und Würde zu schützen. Der Dschihad ist keineswegs ein unberechtigter Angriff, eine Zerstörung, Ausbeutung oder Tyrannei. Im Gegenteil, er soll dazu dienen, die Rechte der Muslime vor Tyrannei und Tyrannen zu bewahren. Auf dem Weg Allahs betätigt und bemüht sich der Muslim zu mancher Zeit mit seinen Handlungen, seiner Schrift und seinem Gedankengut und zu manch anderer Zeit mit seinen finanziellen Möglichkeiten und seiner Energie. Er arbeitet Tag und Nacht, um die Wahrheit zu verbreiten, zum Rechten zu rufen und um zum Guten beizutragen. Die Gewaltanwendung zum Schutz des Glaubens, der Existenz, des Landes, des Fortbestandes und der Freiheit ist stets der absolut letzte Weg.

Das Leid und Übel, dass verschiedene Terrororganisationen in der heutigen Zeit im Namen des Islam und des Dschihad verbreiten, können nicht mit der wahren Beschaffenheit des Dschihad assoziiert werden. Selbstmordattentate, Grausamkeiten und Gewalt, die seitens Mordorganisationen durchgeführt werden und den Muslimen zugeschrieben werden, stehen in keinerlei Verbindung zum Dschihad-Verständnis des Islam. Denn der Dschihad im Islam bedeutet nicht, sich zu bewaffnen und unschuldige Menschen ihres Lebens zu berauben. Der Dschihad drückt nicht das Beenden, sondern das Erhalten des Lebens aus. Er ist nicht das Mittel der Zerstörung, sondern des Wiederaufbaus. Unabhängig davon, gegen wen und mit welcher Begründung solch ein Angriff von unschuldigen Menschen verwirklicht wird, widersprechen derartige Angriffe der Beschaffenheit und den Idealen des Dschihad im Islam. Der Terror steht in einem endlosen Streit mit der Religion und dem Glauben, der Tugend und der Menschheit, sowie dem Verstand und dem Gewissen, weshalb er stets verflucht sein wird.

Das Verdrängen des Übels, die Stifter des Unheils aufzuhalten und das Verhindern der Ordnungswidrigkeiten, sodass der Friede herrscht, erfordern gemeinsame Bemühungen und das gemeinsame Handeln der Menschheit. Der Islam ruft zu diesem gemeinsamen Handeln auf und erwartet von allen Menschen, insbesondere aber von den Muslimen, dass sie sich gegen die Tyrannei und Unterdrückung stellen und sich um die Besserung der Welt bemühen. Der Prophet (s.a.w.) definiert die Begriffe Muslim und „Mu´min" mit deutlichen Worten: „***Ein Muslim ist jemand, vor dessen Hand (Tat) und Zunge (Wort) die Menschen in Sicherheit sind. Ein Mu´min ist jemand, vor dem das Leben und der Besitz des Volkes in Sicherheit ist.***"[7]

7 Tirmidhi, Iman, 12.

Der Islam ist die Religion des Wissens und der Weisheit

„Sprich: Sind etwa gleich diejenigen, welche wissen, und jene, welche nicht wissen?“[8]

(Der heilige Koran)

Allah, der „*al-Alim*“ (Allwissend) ist, ist der Erschaffer des Wissens; der Allwissende erschuf den Menschen mit der Fähigkeit, Wissen zu erlangen und erlangtes Wissen anzuwenden. Der Islam erwartet vom Menschen, dass er diese angeborene Fähigkeit für das Gute nutzt, sodass sein erlerntes und gelehrtes Wissen den Menschen förderlich dient und die Welt auf bestmögliche Weise formt. Der erste Befehl der koranischen Offenbarung, der den Propheten (s.a.w.) erreichte, lautet: „Lies*!*“

Der Befehl: „Lies!“, meint nicht nur das Lesen und Schreiben, sondern besitzt eine tiefere Bedeutung und umfasst das Studieren, Verstehen und Erforschen der Welt, sodass die Wahrheit erlangt wird. Der Mensch muss zudem auch sein eigenes Sein studieren und verstehen, seinen Schöpfungsgrund hinterfragen, seinen

---

8 Zumer, 39/9.

auf vollkommenste Weise geschaffenen Körper und seine Seele kennenlernen und sich auf diesem Weg seinem Schöpfer nähern.

Die Beschäftigung mit dem Wissen ist die Arbeit, für die sich das Ermüden, Bemühen und Zeit Aufwenden am meisten lohnt. Der Islam bewertet den Wissenserwerb als die Pflicht eines jedes Individuums, egal ob Mann oder Frau. Der Prophet (s.a.w.) sagte zu diesem Thema: „***Sei der Lehrende, der Lernende, der Zuhörer oder der Liebende und Unterstützer des Wissens. Sei nicht der Fünfte (sei keiner außer diesen), denn dies wird dich zerstören!***“[9]

Im Prinzip ist jeder Prophet ein Lehrer, der die Menschen mittels des wahren Wissens zur Glückseligkeit auf der Welt und im Jenseits einlädt. Das wahre Wissen besitzt einen uneingeschränkten Wert bei Allah. Der Mensch wird durch das Wissen der Wahrheit und die Anwendung seines Wissens an Erhabenheit gewinnen.

Im Islam wird falsches und unbegründetes Wissen, welches den Menschen zum Schlechten verleitet, nicht als Wissen eingestuft.

Der Prophet (s.a.w.) bat Allah in seinen Gebeten um nutzbringendes Wissen und nahm bei ihm Zuflucht vor nutzlosem Wissen. Er empfahl zudem das Erlernen und Lehren des heiligen Korans, der Quelle des wahren Wissens. Er verkündete denen, die seine Worte und Ahadithe im Original an die folgenden Generationen überbringen, einen großen Lohn. Auf diesem Wege beabsichtigte er die Verbreitung vom Wissen und die Vertreibung der Unwissenheit.

9 Darimi, Mukaddima, 26.

In vielen Ahadithen wird mitgeteilt, dass die, die sich für den Wissenserwerb auf Reisen begeben, das Paradies erlangen werden und dass denen, von deren Wissen die Menschen selbst nach ihrem Tod profitieren, weiterhin Sawab (Belohnung) gutgeschrieben werden. Andererseits wird in den Ahadithen auch betont, dass die, die ihr Wissen nicht mit anderen teilen und die, die nicht gemäß ihres Wissens handeln, große Fehler begehen und dafür Sünden einbüßen. Im Verständnis des Islam zählen die Wertschätzung des Wissens und die eigene Befreiung von Unwissenheit als eine Ibadah. Aus diesem Grund sagte der Prophet Muhammed (s.a.w.): „*Die tugendhafteste Sadaqah/Spende für einen Muslim ist es, seinem Glaubensbruder zu lehren, was er erlernt hat.*“[10]

10 Ibn Madscha, Sunna, 20.

Der Islam befiehlt in jeder Angelegenheit die Höflichkeit

„Der Muslim ist keine Person, die die Ehre und Keuschheit anderer angreift, sie verwünscht, schlechte Taten begeht und unverschämt spricht.“[11]

(Der Prophet Muhammed –s.a.w.)

Dass eine Person darauf achtet, sich von unhöflichen Aussagen und Handlungen fernzuhalten, nicht verletzend zu sein, versöhnlicher und feinfühliger Gesinnung zu sein, zeigt nicht nur, dass er ein guter Mensch, sondern auch ein reifer Muslim ist. Der Islam ruft die Gläubigen dazu auf, sich von jeglicher Art der Unhöflichkeit, Widerlichkeit, Respektlosigkeit und Unverschämtheit fernzuhalten. Getadelte Aussagen und Handlungen wie das Benutzen von Schimpfwörtern, das Fluchen und das Beleidigen anderer wurden vom Gesandten Allahs strengstens untersagt.

Im Verständnis des Islam stehen der Körper, das Leben, der Verstand und die Würde eines jeden Individuums unter Schutz vor unrechtmäßigen Eingriffen,

11 Tirmidhi, Birr wa sila, 48.

Bedrohungen und Beleidigungen. Ebenso darf auch der Besitz, die Eltern und Verwandten, die Nationalität, und Herkunft sowie der Glaube einer Person weder verbal noch körperlich angegriffen werden. Meinungsverschiedenheiten sollte mit Respekt begegnet werden, Uneinigkeiten sollten ohne Anwendung von Gewalt gelöst werden und während der Lösung von Konflikten sollten die Prinzipien der Justiz und der Moral stets beachtet werden. Selbst ein Straftäter darf nicht beleidigt oder gefoltert werden.

Weiterhin sollte ein Muslim nicht nur seinen Mitmenschen, sondern auch Tieren und Pflanzen gegenüber sanftmütig, weitherzig und feinfühlig handeln. Es ist der Befehl der Religion, der Freund und Schützer der Natur zu sein und sich allen Wesen gegenüber barmherzig, gewissenhaft und mild zu verhalten.

Muhammed (s.a.w.), der letzte Prophet, empfahl den Muslimen, alle ihre Arbeiten, ohne eine Erwartung der Gegenleistung, als Wohltaten anzugehen. Sein vorbildliches Leben ist voller Beispiele der Tugend und der Höflichkeit gegenüber seiner Familie, seinen Nächsten und Freunden und sogar gegenüber Menschen, die nicht seinen Glauben teilten.

Der Islam ist die Religion der Barmherzigkeit

„Ich wurde nicht gesandt, um Verwünschungen auszusprechen, sondern als eine Barmherzigkeit (für alle Welten).“[12]
(Der Prophet Muhammed –s.a.w.)

Allah, der Gnädige (*ar-Rahman*) und der Barmherzige (*ar-Rahim*), beschützt mit seiner endlosen Gnade das Dasein und bietet zahllose Gaben. Allah verkündet: „***Meine Gnade überwiegt meinen Zorn***“[13], und verkündet damit, dass er den Menschen aufgrund seiner Gnade vergeben wird. Zudem erwartet Allah aber auch, dass die Menschen barmherzig und gewissenhaft handeln.

Muhammed (s.a.w.) war der Beste unter den Menschen, der Bote der Barmherzigkeit und der Prophet der Barmherzigkeit und der Herzensgüte. Weil er nicht kaltherzig oder unhöflich war, versammelten sich viele Menschen um ihn und wurden zu seinen Gefährten und das unwissende, gewaltbereite Volk seiner Zeit lernte durch ihn die Barmherzigkeit kennen.

12 Muslim, Birr wa sila, 87.

13 Bukhari, Tauhid, 22.

In der Sunnah des Propheten (s.a.w.) wurde die Barmherzigkeit nicht als ein oberflächliches Mitleidsgefühl, sondern als eine sorgsame Haltung des Respekts gegenüber der Existenz aufgefasst. Laut Islam besitzt jedes Wesen, egal ob klein oder groß, einen eigenen Wert und verdient die Barmherzigkeit. Derjenige, der den Wesen auf dieser Welt Barmherzigkeit erweist, wird als Belohnung Allahs Gnade und Barmherzigkeit erlangen.

Selbstverständlich ist die schönste Reflexion der Barmherzigkeit die gegenseitige Freundschaft, Zuneigung, Gefälligkeit und Hilfeleistung unter den Muslimen. Barmherzigkeit sollte aber nicht nur gegenüber Muslimen, guten Menschen oder etwa Bedürftigen gelten. Es ist eine Bedingung des islamischen Charakters insbesondere Kindern, Älteren, Kranken und Schutzbedürftigen mit Barmherzigkeit entgegenzukommen.

Unterdrückung und Gewalt werden im Islam ausdrücklich verboten. Das Missbrauchen der mentalen und körperlichen Kraft, um destruktive Handlungen durchzuführen, steht im Widerspruch zum menschlichen Wesen, denn der Mensch wurde erschaffen, um die Welt zu verbessert und sie zu einem friedvollen Ort zu formen. Egal gegen wen oder was sich die Gewalt auch richten mag, bleibt sie unakzeptabel. Jede Art von physischer, psychischer und wirtschaftlicher Gewalt ist ein Verbrechen gegen die Menschlichkeit, denn sie verletzt die Unantastbarkeit des Menschen.

In diesem Rahmen besaß der Gesandte Allahs (s.a.w.) einen Lebensstil, der sich gegen die Gewalt richtete und die Barmherzigkeit als Prinzip annahm. Der Prophet (s.a.w.) lehnte alle gewalttätigen und falschen Überzeugungen und Handlungen der damaligen arabischen Kultur ab. Er kämpfte darum, die Gewalt, die nur Gehässigkeit, Wut, Eifersucht, Gier, Rache, Schmerz und Trauer in sich birgt, aus allen Gesellschaftsschichten zu verdammen, insbesondere aus der Familie, die den Hauptbaustein einer jeden Gesellschaft bildet. Er stellte sich gegen die Gewalt an Frauen und Mädchen und schützte ihre Rechte und ihre Ehre. Es ist unmöglich, in den Hauptquellen des Islam einen Anhaltspunkt für eine mitleidlose, gewissenlose und barbarische Haltung gegenüber der Frau in der Familie und in der Gesellschaft zu finden.

Es ist äußerst bedeutungsvoll, dass der Prophet (s.a.w.) selbst in Zeiten des Krieges und der Gewalt befahl, rechtliche und ethische Prinzipien zu achten, Kriegsgefangene gut zu behandeln und verbot, die Älteren, Frauen, Kinder und Geistlichen zu töten. Muslime, als Mitglieder einer Religion, die selbst auf dem Schlachtfeld keine Gewalt und Brutalität dulden, sind die Boten der Barmherzigkeit. In ihren Herzen herrschen der Glaube und die Nächstenliebe, ihr Gewissen erinnert sich stets an die Rechte anderer und an das Jenseits und vor ihnen liegt der leitende Koran und das vorbildliche Leben des Propheten (s.a.w.).

Jemandem in Not zu helfen, jemanden in Schwierigkeiten zu schützen und zu retten sowie im Umfeld Liebe und Vertrauen zu verbreiten sind die Pflichten eines Muslims. Ein Muslim wird mit jeder barmherzigen Entscheidung, jeder barmherzigen Aussage und mit jeder barmherzigen Tat Allah, dem wahren Besitzer der Barmherzigkeit, näherkommen. So sagte der Prophet (s.a.w.): *„Dem, der anderen keine Barmherzigkeit erweist, dem wird auch Allah keine Barmherzigkeit zeigen."*[14]

14 Bukhari, Tauhid, 2.

Ein Muslim besitzt Verantwortungsbewusstsein

„Wähnt der Mensch etwa, unbeachtet gelassen zu werden?“[15]
(Der heilige Koran)

Allah zeichnete den Menschen im Gegensatz zu anderen Lebewesen mit Verstand und Willenskraft aus. Indem er ihm verschiedene Fähigkeiten gab, verlieh er ihm die Freiheit, nach seinen eigenen Entscheidungen zu handeln. Allah erwartet vom Menschen, dass er seine Willenskraft für das Rechte und Gute nutzt und sich seiner Verantwortung, die mit seiner Freiheit einhergeht, bewusst ist. Schließlich ist das Leben auf dieser Welt eine Prüfung und verantwortungsloses Verhalten sowie willkürliche Entscheidungen widersprechen der Prüfung.

Die Verantwortungspflicht verleiht dem Leben des Menschen eine Richtung und befreit ihn vor einem sinn- und ziellosen Leben. Wer verantwortungsbewusst ist, weiß, dass das Leben ihm nicht nur Perspektiven und Gaben bietet, sondern auch Verpflichtungen mit sich

---

15 Qiyame, 75/36.

bringt. Solch ein Mensch wird seine Verpflichtungen ebenso wertschätzen wie seine Rechte, und das Erfüllen seiner Pflichten wird ihn zu Glückseligkeit und Frieden verleiten.

Der heilige Koran gibt offen bekannt, dass Allah seinen Dienern keine schwerere Last auflädt, als diese tragen könnten. Allah, der seine Diener am besten kennt und stets das Beste für sie möchte, wird die Menschen für keine Sünden verantwortlich machen, die aus Vergessenheit oder aus Versehen begangen wurden. Sogar böswilligen Gedanken, die nicht in die Tat umgesetzt werden, wird Allah vergeben.

Mit dem Bewusstsein der Verantwortung gegenüber Allah zu leben bedeutet, sich stets in Erinnerung zu rufen, dass wir von Allah gekommen sind, ihm gehört und wieder zu ihm kehren werden und dass Allah, der Allsehende, Allhörende und Allwissende, stets mit uns ist. Wer sich seiner Verantwortung gegenüber Allah bewusst ist, wird sein Leben nach dieser Gesinnung leben.

Die primäre Verantwortung des Menschen gegenüber Allah ist es, an seine Existenz und Einheit zu glauben, ihm nichts gleichzusetzen und den Pflichten als sein Diener nachzugehen. Die Beziehung des Menschen zu Allah hat auch Auswirkungen auf seine Beziehung zu Mitmenschen. Aus diesem Grund umfasst die Verantwortung des Menschen gegenüber Allah nicht nur die Verrichtung der Ibadah, sondern auch gesellschaftliche Themen, die dem einzelnen Menschen von Nutzen sind. Schließlich besitzt der Mensch auch Verantwortungen gegenüber sich selbst, seiner Familie und seinen Verwandten, gegenüber der Gesellschaft und der Natur.

Der Islam beschreibt die Rechte und Verantwortungen als zwei Waagschalen einer Waage. Die Rechte der Menschen zueinander führen selbstverständlich auch zu gegenseitige Verantwortung. Wer seine Rechte erlangen will, ist auch verpflichtet, seine Verantwortungen zu übernehmen. Mit der Herstellung dieses Gleichgewichts wird es möglich sein, eine starke Gesellschaft mit friedlichen Individuen aufzubauen.

Ein Muslim behandelt seine Familie gut

„Der Beste unter euch ist der, der gut ist zu seiner Familie. Und was mich anbelangt, so bin ich derjenige unter euch, der seine Familie am besten behandelt.“[16]

(Der Prophet Muhammed –s.a.w.)

Der Islam empfiehlt, die Familiengründung und das Erziehen einer gesunden Nachkommenschaft. Im heiligen Koran werden die Zuneigung und der Liebesbund zwischen Mann und Frau als ein Beweis der Existenz Allahs aufgezeigt, während die Familie als die Gabe und der Segen Allahs verstanden wird. Außerdem betont der heilige Koran, dass das Heiraten nicht nur für eine auserlesene Gruppe von Menschen bestimmt ist, und dass Familien in finanzieller Not Unterstützung geboten werden sollte. Allah ist der Einzige, der keinen Partner oder Gatten hat, der auf niemanden angewiesen ist, aber auf den alle Existenzen angewiesen sind. Aus diesem Grund ist es ein natürliches Bedürfnis des Menschen, einen Partner zu finden und eine Familie zu gründen.

16 Tirmidhi, Manakib, 63.

Der Islam befiehlt neben der Familiengründung auch die Verantwortungen einer Familie zu übernehmen. Eine Familie zu sein erfordert die Übereinstimmung der Gefühls- und Gedankenwelt, Freundschaft, Vertrauen, Barmherzigkeit, Gerechtigkeit, die Unterstützung von Wohltaten und die gemeinsame Bekämpfung des Schlechten.

Im Verständnis des Islam ist die Gewalt in der Familie absolut unerwünscht und unakzeptabel. Der Gesandte Allahs (s.a.w.) war auch mit seinem Familienleben ein großes Beispiel für die Menschen, denn er behandelte seine Ehefrauen, Kinder und Bediensteten niemals schlecht und wandte selbstverständlich auch keine Gewalt gegen seine Ehefrauen an, wie seine Frau Aischa berichtet.[17] Jegliche Art von Aggressionsverhalten gegenüber dem Ehepartner, Kindern, Eltern, Geschwistern und engen Verwandten sind sowohl strafrechtlich eine Straftat als auch eine Sünde bei Allah.

Ein Muslim weiß, dass es ein großer Segen ist, ein friedliches Familienleben mit dem Ehepartner, Kindern und Eltern zu führen. Doch weiß er auch, dass jeder Segen eine Prüfung mit sich bringt. Aus diesem Grund ist es die Pflicht eines jeden Muslims, Familienbeziehungen zu stärken und die Familie vor Boshaftigkeiten und Gefahren zu schützen. Zudem ist ein Muslim dazu verpflichtet, gerecht zu handeln, ohne zwischen Familienmitgliedern zu differenzieren, die Rechte aller zu berücksichtigen und eine auf Liebe und Respekt basierende Kommunikation zu gewährleisten.

17 Muslim, Fadail, 79.

Ein Muslim ist umweltfreundlich

„Wer von euch einen Setzling in der Hand hält, soll diesen sofort einpflanzen, selbst wenn in dem Moment die Erde untergeht!“[18]
(Der Prophet Muhammed –s.a.w.)

Allah stellte dem Menschen ab seinem ersten Tag auf der Welt seine Umwelt vor, lehrte ihn die codierten Zeichen des Universums und verkündete ihm, wie er seine Beziehung zur Natur aufzubauen hat. Der heilige Koran beinhaltet viele Verse hinsichtlich der Funktionsweise des Universums, der Ordnung und Harmonie zwischen den Lebewesen und deren Schöpfungsgrund und bietet Beweise für die Existenz, Macht und Weisheit des Schöpfers - Allah.

Jedes Lebewesen im Universum, vom kleinsten bis hin zum größten, hat über seinen physischen Wert hinaus, eine spirituelle Bedeutung. Denn alles auf der Erde und den Himmeln betet Allah an. Von den Vögeln bis hin zu den Steinen, vom Gewächs bis hin zur kleinsten Ameise,

18 Ibn Hanbal, III/184.

von der Sonne bis hin zu den Sternen, gibt es kein Wesen, das keine Seele, Gefühle oder keinen Sinn besitzt. Die Bedeutung, die der Islam der Umwelt beimisst, basiert auf dem Prinzip, dass jedes Wesen von seiner Schöpfung an einen eigenen Wert besitzt.

Laut dem Islam-Verständnis wurde die Umwelt von Allah erschaffen, steht zu jedem Zeitpunkt unter seiner Kontrolle und wurde dem Menschen anvertraut. Denn unter allen Wesen kann der Mensch seine Umwelt am besten verstehen, formen und nutzen und gleichzeitig die Verbindung zwischen der Umwelt und Allah sehen. Aus diesem Grund stellte Allah alles in der Natur, in den Himmeln und auf der Erde zum Dienste des Menschen zur Verfügung. Doch diese Umstände deuten nicht etwa darauf hin, dass der Mensch frei und grenzenlos über die Natur und die Umwelt verfügen kann. Das Universum ist nicht der Besitz des Menschen, es wurde im lediglich anvertraut. Allah wird jene zur Rechenschaft ziehen, die aufgrund von willkürlichem Handeln der Umwelt schaden und die Natur für Machterwerb zerstören.

Allah erschuf die Welt nicht nur für die Menschen, die Welt ist der gemeinsame Lebensort von Menschen, Tieren und Gewächsen. Aus diesem Anlass schützt ein Muslim das Lebensrecht von Tieren und Gewächsen und verhält sich diesen gegenüber gewissenhaft, barmherzig und fürsorglich. Der Prophet *(s.a.w.)* berichtet, dass selbst ein grundlos getöteter Spatz am Jüngsten Tag vor Allah klagen wird.[19] Folglich stellt die Umweltethik im Islam eine Haltung fern von Egoismus, Materialismus, Begierde und Habsucht dar.

19 Nasai, Dahaya, 42.

Das Universum ist mit all seinen Schönheiten eine Gabe Allahs an die Menschheit. Die Natur wird sich selbst erhalten, solange der Mensch nicht eingreift und sie durch Vergiftung, Rodung oder Verbrennung zerstört. Ein Muslim sollte Verantwortung gegenüber der Umwelt übernehmen, die Natur schützen und im Einklang mit ihr leben. Denn die Natur ist der wertvollste Schatz und die Zukunft der Menschen.

Ein Muslim ist niemals ein Tyrann

„Allah, der Erhabene, verkündet: Ich verbot mir selbst und meinen Dienern die Gewalt. So seid nicht grausam zueinander.“[20]

(Der Prophet Muhammed –s.a.w.)

Die Tyrannei/Unrecht (Dhulmat) bedeutet, jemandem sein Recht nicht zu gewähren und/oder ein Geschöpf Allahs missbräuchlich zu behandeln. Sie birgt jegliche Art des Leids, der Benachteiligung, der Gewissenlosigkeit und der Ungerechtigkeit.

Laut Islam ist die größte Grausamkeit, Allahs Recht jemand anderem zuzugestehen, das heißt einen anderen Gott, außer Allah zu akzeptieren. Allah jemanden beizugesellen, obwohl er den Menschen erschuf und ihm zahllose Gaben schenkte, nennt sich ***Schirk***. Schirk oder auch Polytheismus bedeutet, Allah andere Götter beizugesellen, ein polytheistisches Glaubenssystem zu entwickeln und mehrere Götter anzubeten. Dies ist ganz und gar eine große Grausamkeit.

20 Muslim, Birr wa sila, 55.

Neben dem Schirk zählen auch die Leugnung der Offenbarungen Allahs, des heiligen Korans und seiner Gebote sowie die Leugnung des Prophetentums und der Propheten insgesamt als Grausamkeiten. Der Mensch sollte auf keinen Fall in solch eine Situation geraten und sich zu den Ungerechten gegenüber Allah gesellen. Er sollte auch nicht dem Glauben fernbleiben und sich selbst Unrecht tun. Stattdessen sollte er die Glückseligkeit, den Frieden und das Vertrauen verspüren, die eine enge Bindung zu Allah mit sich bringt und sich sein jenseitiges Leben nicht vermiesen.

Überdies sollte der Mensch auch den Menschen und allen lebendigen sowie leblosen Wesen in seinem Umfeld gegenüber nicht ungerecht handeln. In zwischenmenschlichen Beziehungen macht sich die Tyrannei durch die Verachtung und Beraubung der Rechte des Gegenübers und durch ungerechtes, erbarmungsloses Verhalten bemerkbar.

Hinsichtlich des Verbots der Tyrannei und Grausamkeiten unterscheidet der Islam nicht zwischen Muslim und Nichtmuslim. Denn wenn die Tyrannei nicht verhindert wird, so verbreitet sich die Ungerechtigkeit in der Gesellschaft und mächtige Tyrannen werden den Frieden der Gesellschaft zerstören. Aus diesen Gründen muss ein Muslim sich unter jeder Bedingung der Tyrannei entgegenstellen und die Unterdrückten unterbinden. Er muss das Rechte und die Wahrheit verteidigen und darf niemals von der Gerechtigkeit und der Tugend weichen.

Der Islam verbot alle Arten der Grausamkeit und der Tyrannei, insbesondere aber den Schirk und die Auflehnung gegen Allah. Er erklärte unmissverständlich, dass Allah die Tyrannen/Ungerechten nicht liebt, niemals deren Unterstützer sein wird und diese das jenseitige Wohlergehen nicht erreichen werden.

Ein Muslim ist ehrlich und aufrichtig

„Sage: ‚Ich glaube an Allah', und sei dann aufrichtig!"[21]
(Der Prophet Muhammed –s.a.w.)

Die Aufrichtigkeit ist ein universales Prinzip der Moral und drückt aus, dass eine Person zu seinem Wort steht und dass seine Aussagen und Handlungen miteinander übereinstimmen. Selbstverständlich trägt die Aufrichtigkeit, Ehrlichkeit und Vertrauenswürdigkeit auch im Charakter-Verständnis des Islam eine große Bedeutung.

Der Prophet Muhammed (s.a.w.) stellte eine enge Beziehung zwischen dem Glauben und der Aufrichtigkeit her. Mit den Worten: „*Wer uns betrügt, ist nicht von uns*"[22], machte er darauf aufmerksam, dass ein Muslim niemals ein Lügner, Betrüger oder Heuchler sein kann. Wiederum sagte er: „*Wer an Allah und den Jüngsten Tag glaubt, soll entweder Gutes sprechen oder schweigen.*"[23]

21 Muslim, Iman, 62.
22 Muslim, Iman, 164.
23 Muslim, Rikak, 23.

Ein Muslim sollte an erster Stelle aufrichtig zu seinem Schöpfer sein. Er sollte Allah anerkennen und ihm treu verbunden sein. An zweiter Stelle sollte er darauf achten, dass seine Absichten und Handlungen übereinstimmen, sodass er seinem Umfeld mit seiner Ehrlichkeit Vertrauen schenkt. Denn aufrichtiges Verhalten und die Vermeidung von Lügen in der Familie, in der Wirtschafts- und Arbeitswelt, bei Bildungsarbeiten und sogar während Vergnügungen und Unterhaltung, sich vor Lügen fernzuhalten und die Wahrhaftigkeit zum Prinzip zu machen, wird – beginnend beim nächsten Menschen – immer größere Kreise ziehen und zum Aufbau einer starken Vertrauensgesellschaft verhelfen.

Ein Muslim ist ein dankbarer Diener Allahs

„Und wahrlich, wir gaben euch auf der Erde eine Stätte und gaben euch auf ihr den Lebensunterhalt. – Wie wenig seid ihr dankbar!“[24]
(Der heilige Koran)

Der Islam nennt die Wertschätzung der Gaben und die Dankbarkeit für diese Gaben „***Schukur***“. Schukur, das heißt die Kenntlichmachung der Dankbarkeit zu Allah kann sowohl im Herzen erfolgen, als auch ausgesprochen werden. Mit dem Schukur bezeugt und gesteht der Mensch, dass er sein Leben dank der Gaben Allahs weiterführt.

Schukur des Herzens bedeutet zu glauben, dass Allah der Versorger und der Gönner der Gaben ist. Der ausgesprochene Schukur ist wiederum das wörtliche Danken für die Möglichkeiten und Gaben Allahs. Schukur/Danksagung des Körpers bezeichnet die Nutzung des Körpers und der Kraft für Angelegenheiten, die Allahs Wohlgefallen entsprechen, für das Verrichten von Ibadah

---

24 A'raf, 7/10.

(Gottesdiensten, Anbetung jede Art) wie das rituelle Gebet/Salah und das Fasten/Saum und für das Fernbleiben von den Verboten Allahs. Schukur für materiellen Besitz erfolgt dadurch, dass der Mensch Zakah (Armensteuer) und Sadaqah (Almosen) spendet und den Bedürftigen hilft. Wer eine gewisse Autorität und Macht in der Gesellschaft erreicht hat, zeigt Allah seine Dankbarkeit für diese Gaben, indem er seine Macht zum Erfüllen von Wohltaten und für die Gerechtigkeit einsetzt.

Allah Dankbarkeit zu erweisen ist grundlegend eine Lebensphilosophie und ein Anzeichen des Bewusstseins Allahs Geschöpf zu sein. Für all die unzähligen Gaben, angefangen von der Nahrung bis hin zur Kleidung, von körperlichen und geistlichen Fähigkeiten bis hin zu materiellen und spirituellen Möglichkeiten, muss der Mensch seinem Schöpfer zeigen, dass er ihn nicht vergisst und ihm dankbar ist.

Das Bedürfnis seine Dankbarkeit zu zeigen ist eine natürliche Veranlagung des Menschen. Wenn der Mensch selbst für eine kleine Tat das Bedürfnis hat, sich zu bedanken, dann darf er auch den Dank an Allah, der ihm all die vielen Gaben schenkt, nicht vernachlässigen. Der Mensch muss seiner eigenen Bedürftigkeit bewusstwerden und einsehen, dass er sein Leben ohne Allahs Hilfe, Unterstützung und Gaben nicht fortführen könnte.

Auf der anderen Seite gehört zum islamischen Verständnis auch, dass der Mensch denen dankt, die ihm Gutes taten. Der Prophet (s.a.w.) sagte zu diesem Thema „*Wer den Menschen nicht dankt, dankt auch Allah nicht.*“[25] Die Dankbarkeit pflegt die Liebe, die Eintracht und die Freundschaft zwischen den Menschen und verringert

---

25 Tirmidhi, Birr wa sila, 35.

somit schlechte Verhaltensweisen wie die Undankbarkeit und den Egoismus. Es gehört zur Charaktereigenschaft und zum Moralverständnis eines Muslims, jemandem, der eine Gefälligkeit erwies, der Speise oder Getränk anbot, der geholfen oder unterstützt hat, seine gute Tat, wenn möglich mit dergleichen zu vergelten, wenn dies im materiellen Sinne nicht möglich sein sollte, für ihn zu beten.

Ein Muslim bittet um die Vergebung seiner Fehler

„Wer aber nach seiner Sünde umkehrt und sich bessert, siehe, zu dem kehrt sich auch Allah; siehe Allah ist verzeihend und barmherzig."[26]

(Der heilige Koran)

Allah erschuf den Menschen mit einer Beschaffenheit, mit der er zum Guten und Rechten neigt, und gab ihm potenzielle Kräfte wie den Verstand, das Bewusstsein, die Willenskraft und die Seele. Derjenige, der dieses Potenzial richtig nutzt und sich dem Guten zuwendet, wird das Wohlgefallen Allahs erlangen und sowohl für sich selbst als auch für die Menschheit nachhaltige Verschönerungen hervorbringen.

Menschen machen Fehler. Der Mensch kann zu mancher Zeit irregehen, sich täuschen, vergessen, sich nicht beherrschen und Fehler begehen. Ein Muslim, der gesündigt hat, braucht einen Ausweg, eine zweite Chance und eine Möglichkeit sich von seiner Sünde zu befreien. Allah bietet seinen Dienern genau diese Möglichkeit mit der *Tawba /Reuebekundung*.

26 Ma'ide, 5/39.

Im Islam bezeichnet der Begriff „*Istighfar*", Allah um Vergebung zu bitten und Reue für die begangene Sünde zu zeigen. Der Begriff „*Tawba*" hingegen bezeichnet die Entschlossenheit, die gleiche Sünde kein zweites Mal zu begehen. Einer der schönen Namen Allahs lautet „*at-Tawwab*", mit der Bedeutung, dass Allah die Tawba/*Reuebekundung* seiner Diener annimmt. Allah ist der Barmherzige, er schätzt die Reue seiner Diener, liebt die Begnadigung und vergibt denen, die Reue zeigen und sich bessern.

Jede innige Tawba ist eine Ibadah und eine Möglichkeit, sich zu erneuern und zu reinigen. Die Tawba ist der Weg zu reifen, sich selbst zur Rechenschaft zu ziehen, sich von Fehlern zu distanzieren und hoffnungsvoll und überzeugt einen Neustart zu wagen. Zudem bietet sie die Möglichkeit, Fehler wiedergutzumachen und Allahs Liebe und Aufmerksamkeit zurückzugewinnen.

Die Tawba ist eine bewusste und entschlossene Handlung. Dank ihr bekräftigt ein Muslim sein Selbstvertrauen und seine Selbstachtung. Indem er seine Sünden aufgibt, wird er zu einem Vorbild für sein Umfeld. Der Prophet *(s.a.w.)* sagte „***Wer Reue für seine Sünden zeigt, ist so, als hätte er nie eine Sünde begangen.***"[27]

Für den Menschen gibt es keine Sünde, die Allah ihm nicht vergeben wird, solange er Reue zeigt, außer den Sünden, bei denen einem anderen Menschen oder dem Gemeinwesen ein Unrecht angetan wurde. Wer einem Menschen ein Unrecht antut, muss diesen um Vergebung bitten und seinen Schaden begleichen. Wer wiederum dem Gemeinwesen ein Unrecht antut, muss vor einem Strafgericht Rechenschaft ablegen.

---

27 Ibn Madscha, Zuhd, 30.

Ein Muslim sucht die Wege ins Paradies

„Jener, der sagt: ‚Ich akzeptiere Allah als meinen Herrn, den Islam als meine Religion und Muhammed als meinen Propheten‘, wird unweigerlich ins Paradies (Dschannah) eintreten.“[28]

(Der Prophet Muhammed –s.a.w.)

Adam (a.s.), der erste Mensch, und seine Ehefrau wurden vom Paradies auf die Erde verbannt. Der Mensch ist im Grunde genommen ein Fremder auf der Welt, denn das weltliche Leben ist für ihn nur eine vorübergehende Reise. Deshalb sehnt sich jeder Mensch nach dem Paradies (***Dschannah***), erträumt sich ein paradiesisches Leben und sucht überall nach den Schönheiten des Paradieses. Der Islam lehrt den Menschen eben diese Wege, um seine Sehnsucht nach dem Paradies zu stillen.

Der primäre Weg, der einen Muslim zum Paradies führt, ist selbstverständlich der Glaube. Das Paradies kann nur mit dem Glauben an Allah, seinen Propheten Muhammed Mustafa (s.a.w.) und seine letzte und vollkommene Religion, dem Islam erreicht werden.

28 Abu Dawud, Tafriu abwabi'l-witr, 26.

Diesem Glauben müssen Ibadah (Gottesdienste/Anbetung jede Art) und gute Taten folgen. Folglich sollte ein Muslim die rituellen Gebete stets verrichten, fasten, Zakah entrichten, den Haddsch vollführen und die Kaaba, das Haus Allahs, besuchen. Neben diesen grundlegenden Ibadah sollte er jede Aussagen, Bemühungen, Taten und Absichten, die zum Wohlgefallen Allahs führen, als Ibadah ansehen. Der heilige Koran verkündet, dass neben dem Glauben an Allah auch gute Eigenschaften, wie die Vermeidung von Schlechtem, die Hilfeleistung, die Überwindung der Wut, die Nachsicht und die Vergebung der Fehler anderer sowie die Reue und die Tawba, den Menschen ins Paradies führen werden.[29]

Das dritte und komplettierende Glied, das den Glauben und die Ibadah abschließt, ist der edle Charakter. Ein Muslim weiß, dass er, solange er nicht glaubt, nicht ins Paradies eintreten wird, und dass er wiederum kein reifer Muslim sein wird, solange er seinen Glauben nicht mit einem guten Gesamtverhalten und tugendhaften Eigenschaften vervollkommnet. Denn der Prophet (s.a.w.) bezeichnete diejenigen, die zwar ihre Ibadah verrichten, aber keinen guten Charakter besitzen und ihrem Umfeld Leid zufügen, als Menschen, deren ganze Wohltaten verloren gehen.[30]

Mit folgenden Worten gab der Prophet Muhammed (s.a.w.) bekannt, dass ein edler Charakter dem Gläubigen das Paradies garantiert: „*Wenn ihr mir eurerseits sechs Dinge garantiert, garantiere ich euch das Paradies: Sagt die Wahrheit, wenn ihr sprecht. Haltet die Versprechen, die ihr macht. Gebt das Anvertraute seinen Eigentümern*

29 Al Imran, 3/132-136.

30 Muslim, Birr wa sila, 59.

zurück. Schützt eure Keuschheit. Senkt den Blick vor dem Verbotenen. Lasst die Hände ab vom Bösen.“[31]

Ein Muslim betrachtet das Leben mit Liebe und Barmherzigkeit, um ins Paradies zu gelangen. Er ist nachsichtig und tolerant zu allen Geschöpfen, allein aus dem Grund, dass sie von Allah erschaffen wurden. Er ist vergebend, verständnisvoll und bescheiden. So wie er niemandem das Herz bricht und niemanden kränkt, fügt er auch keinem Lebewesen absichtlich Schaden zu. Egal ob Mann oder Frau, alt oder jung, reich oder arm, er behandelt jeden respektvoll und verletzt niemanden mit seinen Worten oder seinem Verhalten.

Solange ein Muslim sich bemüht, anderen Menschen Hilfe zu leisten, verspürt er die Unterstützung Allahs und glaubt daran, dass ihm diese Hingabe zum Paradies verhelfen wird. Ein Muslim macht seine Wohltaten nicht von den Gegenleistungen der Menschen abhängig, im Gegenteil erhofft er sich von Allah die Belohnung mit dem Paradies. Der heilige Koran bekundet, dass Taten, wie einen Sklaven oder Gefangenen zu befreien, einem Verwandten oder eine Waise in Not zu versorgen, einem Bedürftigen zu helfen sowie auch einen starken Glauben zu besitzen und sich gegenseitig zur Geduld und Barmherzigkeit zu raten, die steilen Wege ins Paradies erleichtern.[32]

Das Paradies ist laut der Darstellung des Propheten (s.a.w.) der Platz derjenigen, „deren Herzen so unschuldig wie ein Vogel und rein sind“. Es ist die Endhaltestelle derer, die Taqwa (Tugendhaftigkeit) besitzen und ihrer Verantwortungen gegenüber Allah bewusst sind. Es ist der Ankunftsort der Aufrichtigen, Ehrlichen, Tapferen und Rechtschaffenen. Der Prophet (s.a.w.) sagte zu diesem Thema: „*Weicht nicht von der Aufrichtigkeit! Siehe, die*

31 Ibn Hanbal, V, 323.

32 Beled, 90/12-17.

Aufrichtigkeit führt zur Gutheit und die Gutheit führt ins Paradies (Dschannah). Wer stets das Wahre spricht und nach dem Rechten sucht, wird bei Allah ‚Siddiq' (der Wahrhaftige) genannt. Meidet die Lüge! Denn die Lüge führt zur Schlechtigkeit und die Schlechtigkeit führt in die Hölle (Dschahannam). Wer lügt und weiterhin die Lüge aufsucht, wird bei Allah ‚Lügner' genannt."[33]

Das Paradies ist unvergänglich. Es ist der Ort, wo sich unvorstellbar schöne und grenzenlose Gaben befinden. Wer das Paradies beabsichtigt, wird in seiner begrenzten Lebenszeit jeden Moment bewusst nutzen, um das Paradies zu verdienen. Er wird sich nicht mit nutzlosen, unnötigen und bedeutungslosen Dingen beschäftigen. Er vergeudet weder sein Leben, noch seine Energie, seinen Verstand, seine Fähigkeiten, seine Gesundheit oder sein Geld.

Selbstverständlich birgt der Weg ins Paradies auch manche Schwierigkeiten, denn die Welt ist ein Prüfungsort. Doch der Mensch ist ein entschlossener Reisender dieses Weges. Keine Hürde kann ihn von dieser heiligen Reise abhalten. Weder die Eingebungen des Teufels, noch die unaufhörlichen Begierden seines Egos/Nafs oder die Verlockungen zur Sünde in seiner Umgebung können ihn abschrecken. Ein Muslim bewegt sich immerfort mit der Kraft seines Glaubens, seiner Geduld und seinem Beharren. Er vertraut auf Allah, folgt seinen Geboten und hält sich von seinen Verboten fern. Zudem nimmt er sich das Leben des Propheten (s.a.w.) als Beispiel. Letztendlich wird er auf diese Weise mit der Erlaubnis seines Schöpfers den Ort unzähliger Gaben, das Paradies, erreichen.

33 Muslim, Birr wa sila, 103.

Ein Muslim hält sich von Wegen in die Hölle fern

„Wer sich aber von dem Gesandten trennt, nachdem ihm die Leitung offenkundig geworden war und einen andern Weg als den der Gläubigen befolgt, dem wollen wir den Rücken kehren, wie er den Rücken gekehrt hat, und wollen ihn in der Hölle brennen lassen; und schlimm ist die Fahrt dorthin.“[34]

(Der heilige Koran)

Sämtliche Gebote des Islam sind zum Wohle des Menschen, sowie sämtliche Verbote für den Menschen schädliche Dinge betreffen. An erster Stelle der verbotenen Ansichten, Aussagen und Taten kommt der ***Schirk***. Schirk oder auch Polytheismus bedeutet, Allah andere Götter beizugesellen, ein polytheistisches Glaubenssystem zu entwickeln und mehrere Götter anzubeten. ***Kufr*** hingegen bedeutet Unglaube, also die Leugnung eines Schöpfers/ Allahs. Sowohl Schirk als auch Kufr vertreten die primären Wege in die Hölle (***Dschahannam***).

Im Islam ist es verboten, die von Allah definierten Grenzen zu überschreiten, sich nicht über Sünden

34 Nisa, 4/115.

Gedanken zu machen, offen zu sündigen und diese unverschämt zu offenbaren, keine Reue für die Sünde zu zeigen; zusammengefasst: jegliche Art der Sünde auf die leichte Schulter zu nehmen.

Strikte und ausdrückliche Verbote, die ***Haram*** genannt werden, werden in den Versen des heiligen Korans und in den Ahadithen des Propheten (s.a.w.) definiert. Solange der Mensch für die Überschreitung dieser Verbote keine Reue zeigt und solange Allah ihm nicht vergibt, wird er mit der Hölle bestraft. Zu diesen Verboten und den großen Sünden zählen unter anderem folgende:

- Die Leugnung Allahs oder der Glaube an einen anderen Gott.
- Die Tötung eines Lebewesens, welches von Allah als unantastbar bestimmt wurde.
- Der Suizid und die Entscheidung zum eigenen Tod durch Euthanasie.
- Der Konsum von Alkohol oder Rauschmitteln.
- Das Glücksspiel.
- Die Nutzung von Zinsen.
- Die Erzielung von rechtswidrigem und ungerechtem Gewinn.
- Der Betrug bei Maß- und Gewichtsangaben (im Handel).
- Die Unzucht, außereheliche Beziehungen.
- Die Beschuldigung eines keuschen Menschen mit der Unzucht.
- Die Hintergehung einer Waise bezüglich ihres Eigentums.

- Einem Menschen oder dem Gemeinwesen Unrecht anzutun.
- Das Erzeugen von „Fitnah"/Unruhen und Aufwiegelungen unter den Menschen.
- Das Tyrannisieren jeglicher Lebewesen.
- Die unrechte Behandlung und Respektlosigkeit gegenüber den Eltern.
- Die schlechte Behandlung der Nachbarn und der Abbruch von Verwandtschaftsbeziehungen.
- Die Vergeudung von Eigentum, Zeit und Gesundheit.

Als die Frauen und Männer der Stadt Medina in den islamischen Glauben eintraten, schworen sie dem Propheten (s.a.w.) die Treue in folgenden Angelegenheiten: Allah niemanden beizusetzen, nicht zu stehlen, keine Unzucht zu begehen, ihre Kinder nicht zu töten, keinem Lebewesen das Leben zu nehmen, welches von Allah verboten wurde, keine falschen Anschuldigungen zu machen und sich in heilbringenden Angelegenheiten nicht gegen den Propheten (s.a.w.) aufzulehnen.[35] Diese Prinzipien dienen an erster Stelle dazu, den Menschen vom Übel und der Hölle fernzuhalten.

Im Grunde genommen treten alle Verhaltensweisen, die den Menschen in die Hölle führen, aufgrund von Unglaube und einer schlechten Moral auf. Aus diesem Anlass erklärt der Islam, dass Haltungen wie Heuchelei und Angeberei, Arroganz und Überheblichkeit, Missgunst und Eifersucht, Geiz und die Verhinderung von Wohltaten bestraft werden müssen.

---

35 Mumtehine, 60/12; Bukhari, Diyat, 2.

Ein Muslim ist dazu verpflichtet, seine Hände zu beherrschen, das heißt sich von Straftaten wie die Anwendung von Gewalt, dem Diebstahl und dem Überfall fernzuhalten. Er muss seine Zunge beherrschen, das heißt, er darf nichts Anvertrautes an andere weitererzählen, niemandem Anschuldigungen machen, nicht lügen und keinen Meineid schwören. Ebenfalls muss er seine Lende vor Straftaten wie der Unzucht schützen und ein keusches, tugendhaftes Leben führen.

Der Prophet (s.a.w.) sagt in einem Hadith: „*Die Hölle ist mit Dingen umringt, die das Ego/Nafs begehrt, das Paradies jedoch ist mit Dingen umringt, denen der Nafs abgeneigt ist.*“[36] Wie auch aus diesem Hadith zu verstehen ist, führt der Weg in ein friedliches jenseitiges Leben fern von der Hölle über den Glaube, die Geduld, die Ausdauer, den Verstand, den Scharfsinn, die Tugend und die Hoffnung.

36 Bukhari, Rikak, 28.